EDRI 南方电网能源发展研究院
LMERC 南方电网澜湄国家能源电力合作研究中心

中国能源供需报告

（2021年）

南方电网能源发展研究院有限责任公司
南方电网澜湄国家能源电力合作研究中心　编著

中国电力出版社
CHINA ELECTRIC POWER PRESS

图书在版编目（CIP）数据

中国能源供需报告．2021年/南方电网能源发展研究院有限责任公司，南方电网澜湄国家能源电力合作研究中心编著．—北京：中国电力出版社，2021.12

ISBN 978-7-5198-6401-9

Ⅰ.①中… Ⅱ.①南… ②南… Ⅲ.①能源需求－研究报告－中国－2021 Ⅳ.①F426.2

中国版本图书馆CIP数据核字（2022）第002126号

出版发行：中国电力出版社
地　　址：北京市东城区北京站西街19号（邮政编码100005）
网　　址：http：//www.cepp.sgcc.com.cn
责任编辑：岳　璐（010-63412339）　邓慧都
责任校对：黄　蓓　王海南
装帧设计：张俊霞
责任印制：石　雷

印　　刷：北京瑞禾彩色印刷有限公司
版　　次：2021年12月第一版
印　　次：2021年12月北京第一次印刷
开　　本：787毫米×1092毫米　16开本
印　　张：10.25
字　　数：146千字
印　　数：001—800册
定　　价：68.00元

《中国能源供需报告（2021 年）》

编　写　组

组　　长　黄　豫

副 组 长　梁　宇

主 笔 人　肖天颖　周　晓　董　楠

编写人员　张昌俊　杨　艳　彭吕斌　聂金峰　覃　芸

刘志文　曹　毅　潘旭东　卓　越　林呈辉

前言

PREFACE

2020年，受新冠肺炎疫情影响，全球能源消费总量同比下降4.5%，创第二次世界大战以来最大降幅；可再生能源继续保持发展势头，太阳能和风能的装机容量共增加了238GW，创历史新高，推动非化石能源消费占比提高1.2个百分点，达16.9%。我国在疫情防控和经济复苏方面取得积极成效，能源消费总量49.8亿t标准煤，同比增长2.2%，顺利完成"十三五"能源规划目标，能源消费结构持续优化，非化石能源消费占比同比提高0.7个百分点，达15.9%。能源生产总量40.8亿t标准煤，同比增长2.8%。2019年，南方五省区能源消费总量7.0亿t标准煤，同比增长3.4%，增速高于全国，非化石能源消费占比25.0%，高于全国平均水平。

《中国能源供需报告（2021年）》对比分析了2020年全球、我国能源发展形势，从能源需求、供应、关键指标等多个维度重点分析总结了我国以及南方五省区的能源发展状况，对2021年和2022年我国能源供需情况进行了预测，研判了"十四五"能源发展形势并给出相关建议。

《中国能源供需报告（2021年）》是南方电网能源发展研究院有限责任公司年度系列专题研究报告之一，旨在为能源电力行业业内人士及其他关心能源发展的专家学者提供参考。

本报告在编写过程中，得到了南方电网公司计划与财务部、市场营销部等部门的悉心指导，在此表示最诚挚的谢意！鉴于水平有限，报告难免有疏漏及不足之处，恳请批评指正！

编　者

2021 年 10 月

目 录
CONTENTS

第 1 章

全球宏观经济形势及能源总体情况

1.1 全球宏观经济形势

受新冠肺炎疫情影响，2020年全球经济下行态势明显，全球GDP同比下降3.3%，为2008年金融危机以来最低增速。新冠肺炎疫情严重影响了全球经济运行，生产停顿、消费萎缩、失业激增。全球贸易大幅萎缩，国际产业链调整，风险积累，经济艰难复苏，国际货币基金组织（International Monetary Fund，IMF）数据显示，2020年全球经济生产总值（Gross Domestic Product，GDP）同比下降3.3%，增速同比降低6.0个百分点，为2008年金融危机以来最低。其中，发达经济体GDP总量同比下降4.7%，增速同比降低6.4个百分点；新兴市场与发展中经济体GDP总量同比下降2.2%，增速同比降低5.8个百分点。2011—2020年全球及主要经济体GDP增速如图1-1所示。

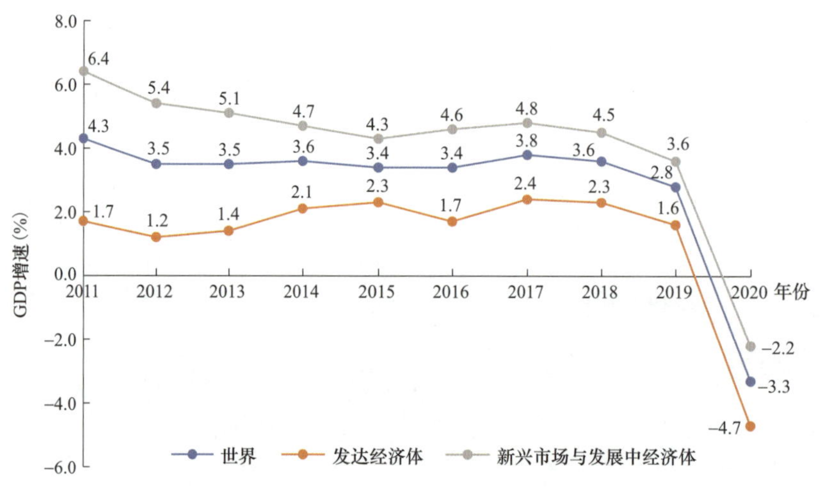

图1-1　2011—2020年全球及主要经济体GDP增速

数据来源：IMF世界经济展望数据库

1.2 全球能源需求

能源消费由增转降，非化石能源消费保持上升态势，全球能源结构持续调

整。2020 年全球能源消费总量同比下降 4.5%，增速同比降低 5.4 个百分点，其中煤炭消费同比下降 4.2%，石油消费同比下降 9.3%，天然气消费同比下降 2.3%，非化石能源消费同比增长 2.6%，全球能源结构转型进程不断加快。

1.2.1　能源消费结构

非化石能源消费占比进一步提升，推动能源结构持续向绿色低碳转型。2020 年全球煤炭消费占能源消费总量的 27.2%，比 2019 年上升 0.1 个百分点；石油消费占比 31.2%，比 2019 年下降 1.8 个百分点；天然气消费占比 24.7%，比 2019 年提高 0.5 个百分点；非化石能源消费合计占比 16.9%，比 2019 年提高 1.1 个百分点。2019—2020 年全球能源消费结构如图 1-2 所示。

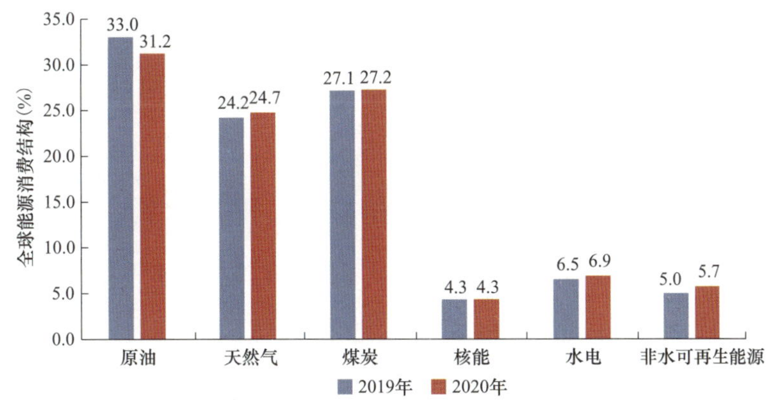

图 1-2　2019—2020 年全球能源消费结构

数据来源：英国石油公司（BP p. l. c.，以下简称 BP）《Statistical Review of World Energy 2021》

1.2.2　分地区能源消费

亚太地区能源消费量最大。2020 年亚太地区能源消费占全球能源消费总量的 45.5%，比 2019 年提高 1.4 个百分点。其中，中国、印度分别占亚太地区的 57.4%和 12.6%；北美地区能源消费占全球能源消费总量的 19.4%，比 2019 年下降 0.7 个百分点；欧洲地区能源消费占比 13.9%，比 2019 年下降 0.5 个百分点；而后依次是独联体、中东地区、南美地区和非洲地区，占比分别是 6.7%、6.5%、4.7%、3.3%，均与上年基本持平。2020 年全球各地区能源消费占比如图 1-3 所示。

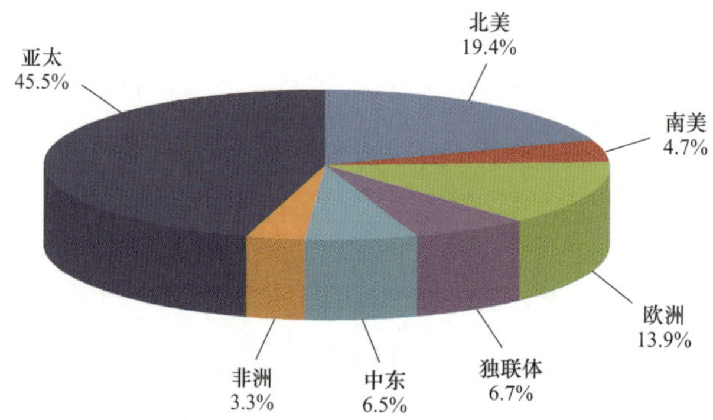

图 1-3　2020 年全球各地区能源消费占比

数据来源：BP《Statistical Review of World Energy 2021》

全球大多数地区能源消费以原油和天然气为主，亚太地区以煤炭为主。北美地区需求最大的能源是原油和天然气，分别占该地区能源消费总量的 36.4%和 34.4%；南美地区是石油和水电，占比分别为 40.5%和 20.0%；欧洲地区是石油和天然气，占比分别为 33.8%和 25.2%；独联体是天然气和石油，占比分别为 52.2%和 22.1%；中东地区是天然气和石油，占比分别为 54.6%和 43.1%；非洲地区是石油和天然气，占比分别为 38.7%和 29.6%；亚太地区是煤炭和石油，占比分别为 47.8%和 26.3%。2020 年全球各地区能源消费结构如图 1-4 所示。

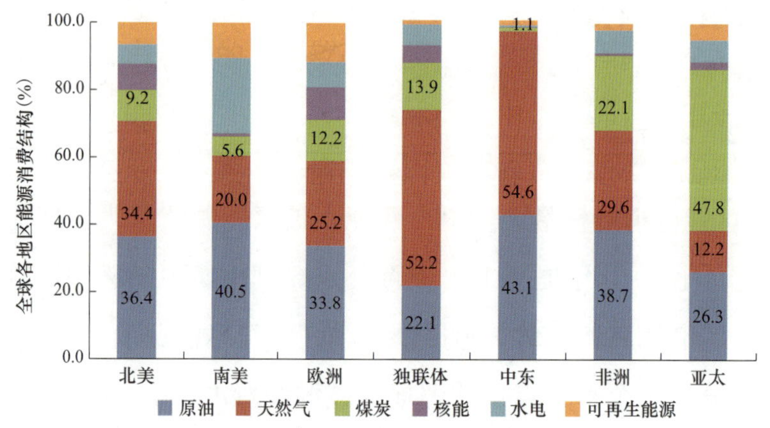

图 1-4　2020 年全球各地区能源消费结构

数据来源：BP《Statistical Review of World Energy 2021》

1.2.3　分品类能源消费

(1) 煤炭消费大幅下降，亚太地区是全球煤炭消费主力。2020 年，全球煤炭消费量 51.7 亿 t 标准煤，同比下降 4.2%，创近十年以来最大降幅。2011—2020 年全球煤炭消费量如图 1-5 所示。

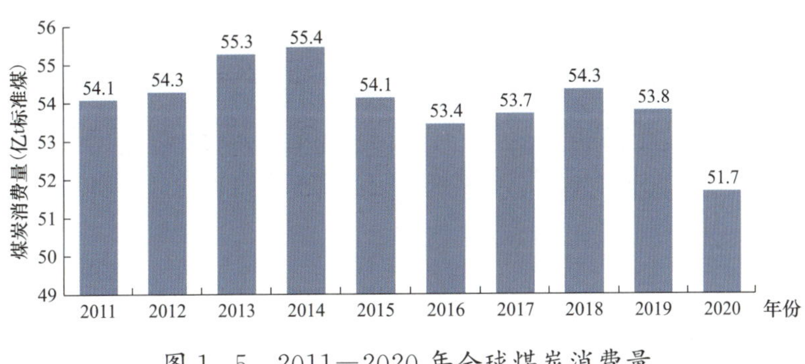

图 1-5　2011—2020 年全球煤炭消费量

数据来源：BP《Statistical Review of World Energy 2021》

全球煤电发电量创有史以来最大降幅。2020 年，全球煤电发电量同比下降 4.4%，创有史以来最大降幅。其中，欧洲地区和北美地区煤电发电量同比分别下降 16.9%和 20.8%，降幅居全球前两位。一方面是受 2020 年电力需求下降影响，欧洲地区和北美地区用电量同比分别下降 3.3%和 2.8%；另一方面可再生能源发电、天然气发电、核电对煤电的替代作用逐渐增强。2011—2020 年全球煤电发电量如图 1-6 所示。

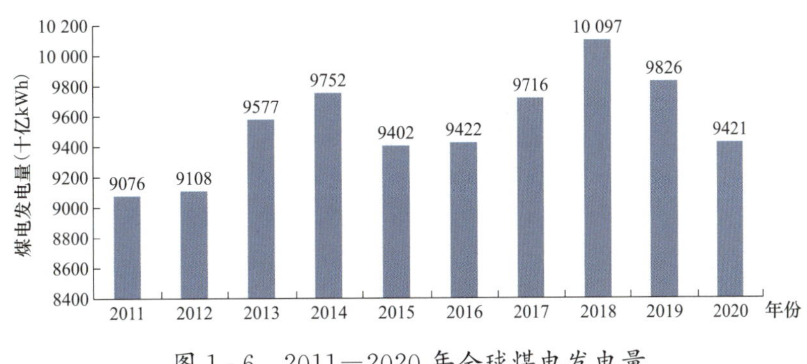

图 1-6　2011—2020 年全球煤电发电量

数据来源：英国气候及能源智库（以下简称 EMBER）《全球电力行业回顾》

亚太地区是全球煤炭消费的主力。2020年亚太煤炭消费量占全球煤炭消费量的80.0%，比上年提升2.3个百分点。十年来，亚太地区煤炭消费量占全球的比重保持持续增长趋势。亚太地区在全球煤电发电量中所占的份额已从1990年的略高于20%上升到2020年的近80%（2020年为78.4%）。2020年中国煤炭消费量达28.3亿t标准煤，占全球煤炭消费量的52.2%，比上年提升2.8个百分点。中国煤电发电量的增长带动了煤炭消费的不断上升，而从全球整体上看，煤电发电量在不断下降，因此造成了中国煤电发电量占全球比重的不断攀升。2011—2020年中国煤电发电量占全球比重如图1-7所示。

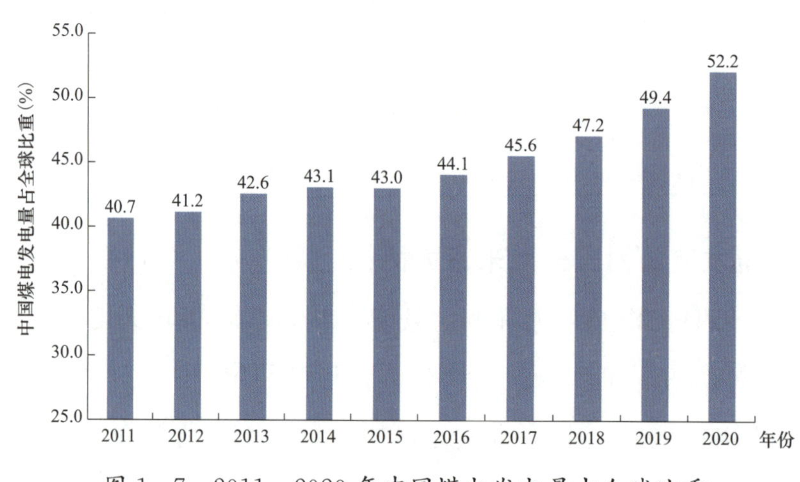

图1-7　2011—2020年中国煤电发电量占全球比重

数据来源：EMBER《全球电力行业回顾》

（2）石油消费大幅下降，为十年来首次。2020年，全球日均石油消费量8848万桶/日，同比大幅下降9.3%，为十年来首次下降。亚太地区、非洲地区、北美地区、中东地区、独联体地区、欧洲地区和中南美地区的石油消费都表现为下降。其中欧洲地区和非洲地区下降幅度居前两位，分别为13.8%和13.1%，欧洲地区为连续第三年负增长。下降幅度最低的两个地区是亚太和独联体，分别为5.8%和5.0%。亚太地区中，仅中国日均石油消费量实现了正增长，同比增长1.6%，增长22万桶/日。2011—2020年全球日均石油消费量及增速如图1-8所示，2020年全球分地区日均石油消费

占比如图 1 - 9 所示。

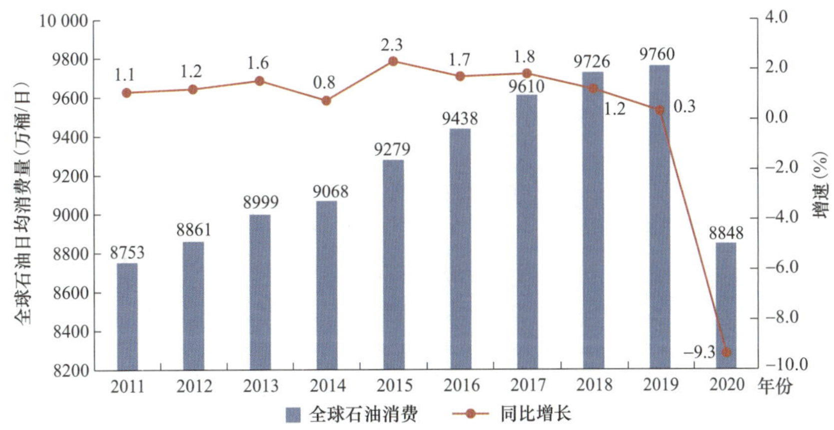

图 1 - 8　2011—2020 年全球日均石油消费量及增速

数据来源：BP《Statistical Review of World Energy 2021》

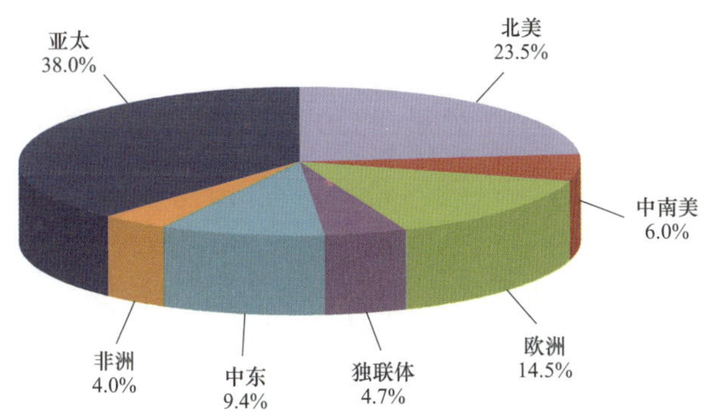

图 1 - 9　2020 年全球分地区日均石油消费占比

数据来源：BP《Statistical Review of World Energy 2021》

亚太和北美是最主要的石油消费地区。分区域来看，亚太地区石油消费量居全球首位，占全球石油消费量的 38.0%，比上年提升 1.2 个百分点；北美地区石油消费位列第二，占比 23.5%，比上年下降 0.4 个百分点。其余依次是欧洲、中东、中南美、独联体与非洲。

(3) 天然气消费出现历史罕见负增长。2020 年，全球天然气消费量 38 228 亿 m^3，同比下降 2.3%，增速同比降低 4.0 个百分点。消费量排名前三的地区为北美、亚太和中东，合计消费量占全球天然气消费量的 64.0%。2011—2020 年全球各地区天然气消费量及全球平均增速如图 1 - 10 所示。

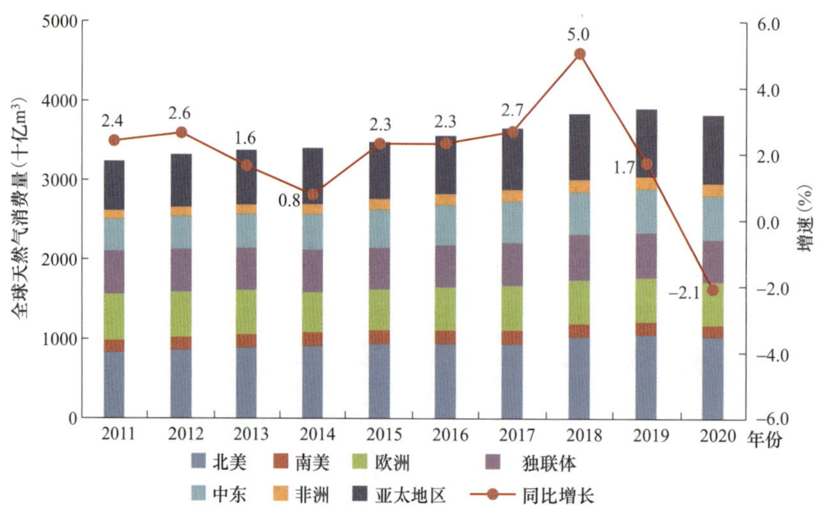

图 1-10　2011—2020 年全球各地区天然气消费量及全球平均增速

数据来源：BP《Statistical Review of World Energy 2021》

北美地区天然气消费回落。2020 年北美地区天然气消费量 10 309 亿 m^3，同比下降 2.6%。其中，美国消费量 8320 亿 m^3，同比下降 2.3%；加拿大 1126 亿 m^3，同比下降 4.7%；墨西哥 863 亿 m^3，同比下降 2.2%。世界气象组织表示 2020 年是有记录以来三个最暖的年份之一，全球平均温度比工业化前（1850—1900 年）的水平约高 1.2 摄氏度。自 2015 年以来的六年是有记录以来最暖的，极端天气和新冠肺炎疫情形成了双重打击，受此影响，2020 年北美地区天然气消费增速同比降低 5.7 个百分点。

亚太地区天然气消费增速放缓。2020 年亚太地区天然气消费量 8616 亿 m^3，同比增长 0.1%。其中，中国、日本、韩国消费量合计 4916 亿 m^3，占亚太地区天然气消费量的 57.1%。中国受宏观经济环境和环保因素拉动，天然气消费量同比增长 6.9%，增速同比放缓 1.3 个百分点；日本核能发电量稳步提升，天然气消费量同比下降 3.7%，为连续第三年下降；韩国天然气消费量同比增长 0.8%。

欧洲地区天然气消费由升转跌。2020 年欧洲地区天然气消费量 5411 亿 m^3，同比下降 2.5%，由 2019 的同比增长 1.1%转跌，全年 LNG 进口量同比下降 3.8%，新冠肺炎疫情导致的生产活动减少是欧洲地区天然气消费量下降的主要原因。

天然气消费量排名前三的国家为美国、俄罗斯和中国，合计消费量占全球天然气消费量的41.2%。其中，美国和俄罗斯消费量下滑，中国则延续增长态势。2011—2020年主要国家天然气消费量如图1-11所示。

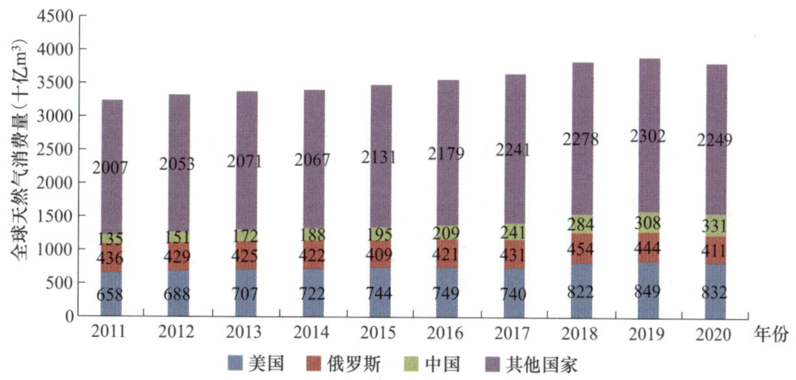

图1-11 2011—2020年主要国家天然气消费量

数据来源：BP《Statistical Review of World Energy 2021》

（4）非水可再生能源消费保持较快增长。2020年，全球非水可再生能源消费量10.8亿t标准煤，同比增长9.7%。亚太地区连续8年增量第一，对2020年全球非水可再生能源消费增量的贡献率为51.5%，远高于欧洲的24.3%和北美的18.1%。2011—2020年全球非水可再生能源消费量及增速如图1-12所示。

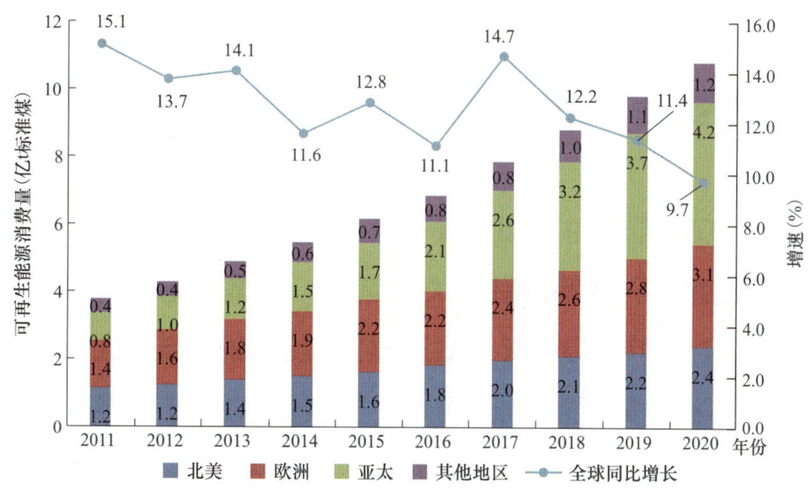

图1-12 2011—2020年全球非水可再生能源消费量及增速

数据来源：BP《Statistical Review of World Energy 2021》

中国对全球非水可再生能源消费增量的贡献率最高。分国家来看，2020

年对全球非水可再生能源消费增长量贡献最大的依次是中国、美国和日本，贡献率分别为36.0%、15.2%和4.3%。

1.3 全球能源供应

非水可再生能源生产快速增长，煤炭、石油、天然气生产下降，石油降幅最大。2020年全球非水可再生能源生产同比增长12.5%。其中，太阳能生产增长最快，增速达20.5%，其次是风能增长11.9%，其他同比增长5.3%；煤炭生产同比下降5.2%，石油生产同比大幅下降6.9%，天然气生产同比下降3.3%。

1.3.1 煤炭

2020年全球煤炭产量出现下降。2020年全球煤炭产量54.5亿t标准煤，同比下降5.2%。其中，南美地区下降幅度最大，同比下降36.3%；中东和亚太地区下降幅度较小，分别为0.3%和0.9%。中国和日本两个国家的煤炭产量为正增长，同比分别增长1.2%和1.5%。煤炭产量降幅最大的国家是哥伦比亚和希腊，同比分别下降40.2%和49.0%。2011—2020年全球煤炭产量及增速如图1-13所示。

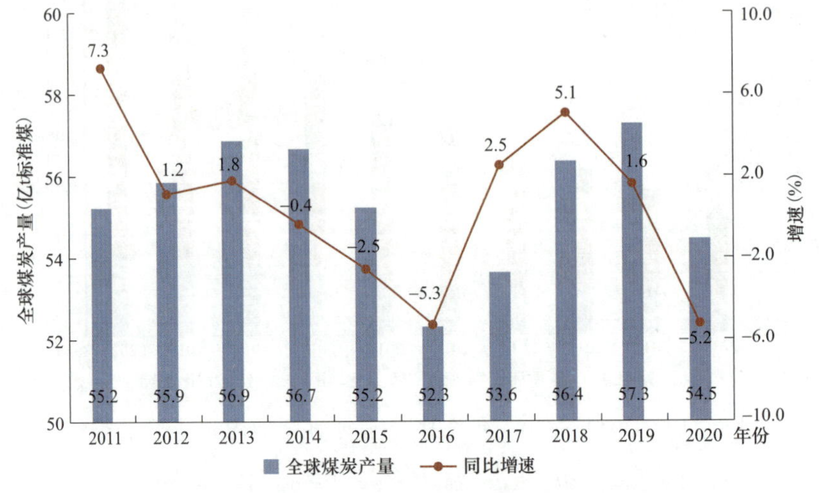

图1-13 2011—2020年全球煤炭产量及增速

数据来源：BP《Statistical Review of World Energy 2021》

亚太地区煤炭产量占比最高，其他地区占比均出现不同程度下滑。2020年，亚太地区煤炭产量 41.4 亿 t 标准煤，占全球煤炭总产量的 75.9%，比上年提高 3.1 个百分点，其他六大地区煤炭产量占比均出现不同程度的下降。中国煤炭产量占全球煤炭总产量比重提高幅度最大，比上年提高 3.1 个百分点。美国是占比下降幅度最大的国家，占全球煤炭总产量比重比上年下降了 1.6 个百分点。2011—2020 年全球各地区煤炭产量占全球总产量比例见表 1-1。

表 1-1　2011—2020 年全球各地区煤炭产量占全球总产量比例　单位：%

年份	2011	2012	2013	2014	2015	2016	2017	2018	2019	2020
北美	13.6	12.3	11.8	12.1	11.2	9.8	10.1	9.3	8.6	6.9
南美	1.2	1.2	1.2	1.3	1.2	1.4	1.3	1.1	1.1	0.8
欧洲	10.1	9.7	9.1	8.7	8.6	8.8	8.6	8.4	7.0	6.2
独联体	5.8	5.9	5.9	5.9	6.1	6.7	6.9	7.1	7.0	6.8
中东	0	0	0	0	0	0	0	0	0	0
非洲	3.2	3.3	3.2	3.4	3.3	3.5	3.6	3.5	3.5	3.5
亚太地区	66.1	67.5	68.7	68.7	69.5	69.8	69.5	70.5	72.8	75.9

数据来源：BP《Statistical Review of World Energy 2021》

全球煤炭贸易总量下降。2020 年全球煤炭总贸易量 21.7 亿 t 标准煤，同比下降 6.2%。进口方面，主要由煤炭需求稳定增长的中国和其他一些亚太国家支撑，两地煤炭进口量同比分别增长 3.1%和 15.6%；出口方面，中国、美国和哥伦比亚的煤炭出口量下降明显，同比分别减少 47.7%、26.4%和 20.5%。2011—2020 年全球煤炭总贸易量及增速如图 1-14 所示。

1.3.2　石油

2020 年全球石油产量大幅下降。2020 年全球石油日均产量 8839 万桶，同比大幅下降 6.9%。2020 年新冠肺炎疫情的爆发叠加贸易保护主义等因素影响，各国内顾倾向加重，世界经济受挫，全球石油市场受到重大冲击，从 5 月起，欧佩克+G20 组成减产同盟并实施大规模减产，原油产量开始大幅减少，供需双侧萎缩，供应量、消费量、油价降幅均创下历史之最。2011—2020 年全球石油日均产量及增速如图 1-15 所示。

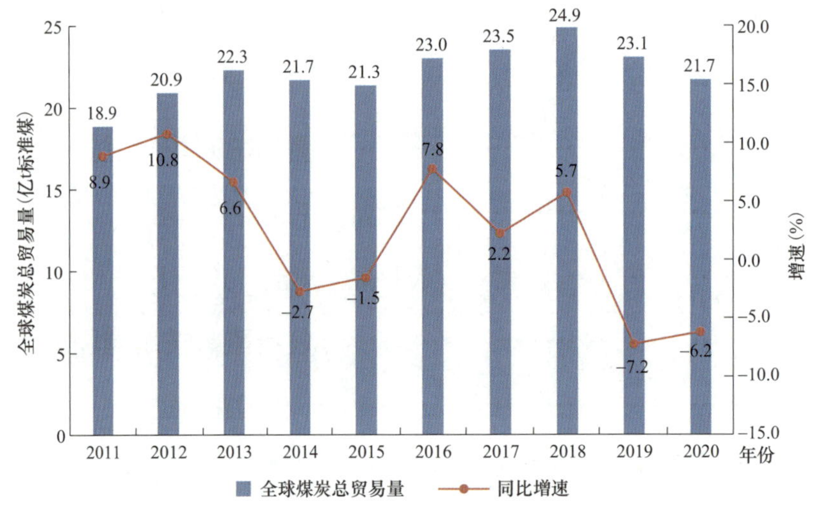

图 1-14　2011—2020 年全球煤炭总贸易量及增速

数据来源：BP《Statistical Review of World Energy 2021》

图 1-15　2011—2020 年全球石油日均产量及增速

数据来源：BP《Statistical Review of World Energy 2021》

分区域来看，中东地区、北美地区、独联体地区是全球石油的主要产区。2020 年中东地区日均产油量 2766 万桶，占全球日均产油量的 31.3%；北美地区 2352 万桶，占比 26.6%；独联体 1350 万桶，占比 15.3%。中东地区、北美地区、独联体地区合计占比 73.2%。2020 年全球石油产量占比

如图 1 - 16 所示。

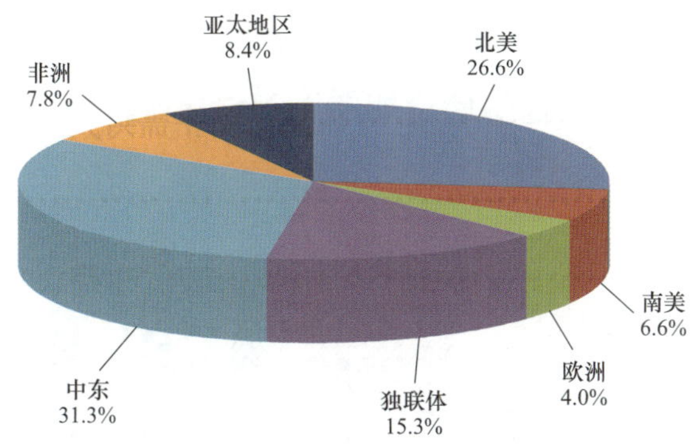

图 1 - 16　2020 年全球石油产量占比

数据来源：BP《Statistical Review of World Energy 2021》

分国家来看，美国、沙特、俄罗斯是主要产油国。美国石油产量占比快速提升，且连续四年增幅居全球之首，2020 年产油量占全球产油量的 18.6%，比上年提高 0.6 个百分点；沙特石油产量占比较为稳定，2020 年占比与 2019 年占比持平；俄罗斯石油产量占比小幅下降，2020 年占比 12.1%，比上年下降 0.2 个百分点。2011—2020 年美国、俄罗斯、沙特原油日产量占比如图 1 - 17 所示。

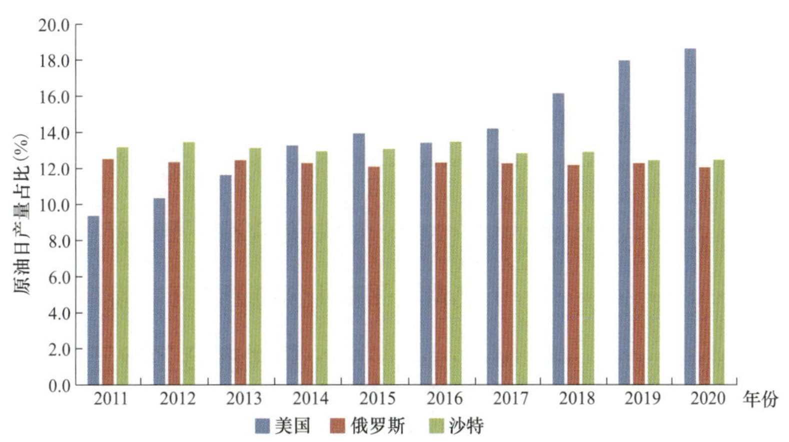

图 1 - 17　2011—2020 年美国、俄罗斯、沙特原油日产量占比

数据来源：BP《Statistical Review of World Energy 2021》

1.3.3　天然气

全球天然气探明储量出现下滑。2020 年世界天然气探明储量 188 万

亿 m³，同比减少 2.2 万亿 m³，其中俄罗斯（37.4 万亿 m³）、伊朗（32.1 万亿 m³）和卡塔尔（24.7 万亿 m³）是当前全球最大的三个天然气储备国。2011—2020 年全球天然气探明储量如图 1-18 所示。

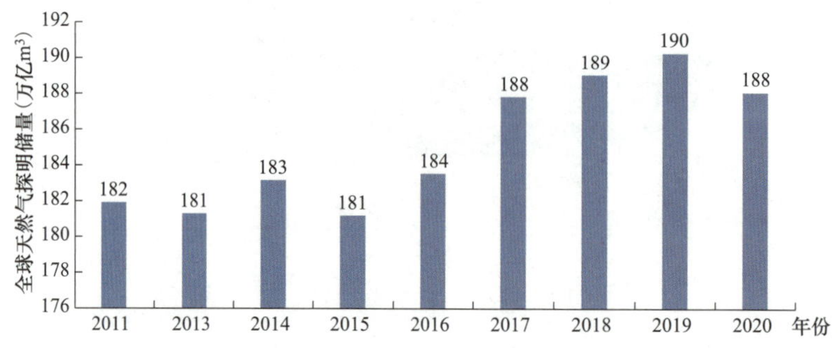

图 1-18　2011—2020 年全球天然气探明储量

数据来源：BP《Statistical Review of World Energy 2021》

全球天然气产量十年来首次下降。2020 年全球天然气产量 3.85 万亿 m³，同比减少 3.3%，为十年来首次下降，2020 年全球天然气产量较 2011 年增加近 600 亿 m³，年均增长率为 1.9%。2011—2020 年全球天然气产量及增速如图 1-19 所示。

图 1-19　2011—2020 年全球天然气产量及增速

数据来源：BP《Statistical Review of World Energy 2021》

分区域来看，北美地区天然气产量全球最高，中东天然气产量增速为正。2020 年，北美地区天然气产量最高，达 11 099 亿 m³，同比下降 2.1%；

独联体地区天然气产量 8024 亿 m^3，仅次于北美，同比下降 6.8%；中东地区天然气产量 6866 亿 m^3，位列第三，同比增长 1.0%；亚太地区天然气产量 6521 亿 m^3，排名第四，同比下降 1.2%。中东地区是全球唯一增速为正的地区。2020 年全球天然气产量占比如图 1-20 所示。

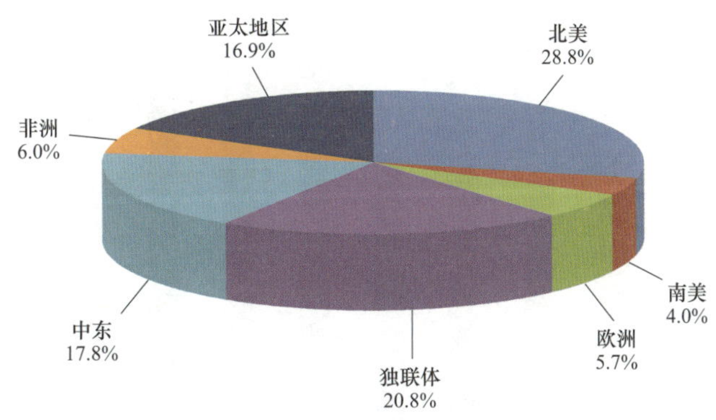

图 1-20 2020 年全球天然气产量占比

数据来源：BP《Statistical Review of World Energy 2021》

分国家来看，俄罗斯天然气产量降幅最大，比上年减少 406 亿 m^3，同比下降 6.2%，其次是美国，比上年减少 154 亿 m^3，同比下降 1.9%，二者对全球天然气生产减少的贡献率分别为 33.1%和 12.5%。

全球天然气贸易量同比下降 5.3%，其中 LNG 贸易为正增长。2020 年，全球管道天然气贸易量 4522 亿 m^3，同比下降 10.9%；LNG 贸易量 4879 亿 m^3，同比增长 0.6%。进口方面，2020 年欧洲是主要的天然气进口地区，天然气进口总量 3261 亿 m^3，占全球天然气进口总量的 34.7%，其中 LNG 进口量 1148 亿 m^3，同比分别下降 8.6%和 3.8%。出口方面，美国 LNG 出口同比增长 29.2%，全球 LNG 贸易增长几乎完全是受到美国（140 亿 m^3 增量）LNG 出口量增长的推动，俄罗斯（13 亿 m^3）和印度（16 亿 m^3）LNG 出口量也呈现正增长，其他地区 LNG 出口则均为负增长。

1.3.4 可再生能源

全球非水可再生能源发电量保持高速增长。2020 年，全球可再生能源发电量 74 925 亿 kWh，同比增长 6.0%。其中，非水可再生能源发电量 31 375 亿 kWh，同比增长 12.1%，连续十一年保持两位数增长。中国是拉动全球可再生能源发电增长的主力，对全球可再生能源发电增长的贡献率为 39.6%。2011—2020 年全球可再生能源发电量及增速如图 1-21 所示。

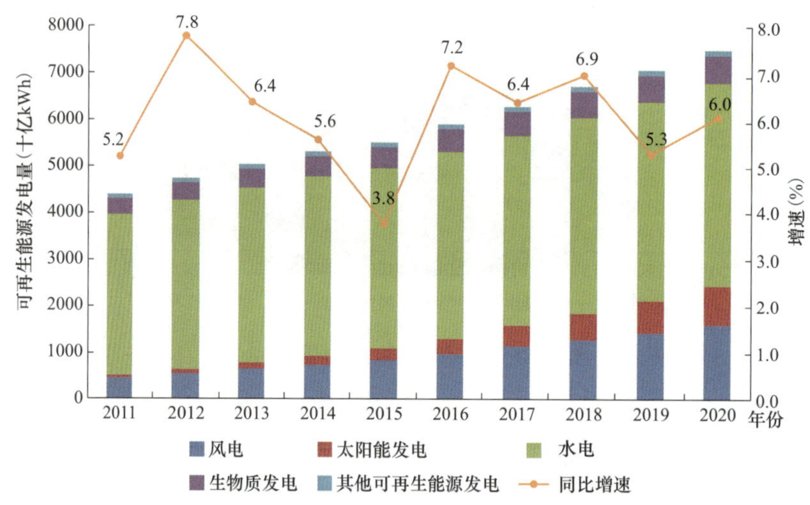

图 1-21　2011—2020 年全球可再生能源发电量及增速

数据来源：EMBER《全球电力行业回顾》

风电对可再生能源发电量增长的贡献率最大，太阳能发电增速连续十年领先。2020 年，风电和光伏发电量保持两位数增速，分别为 12.2%与 19.9%，高增速提高了风电和光伏占新能源发电量的比重，对可再生能源发电量增长的贡献率最大。从总量看，水电仍然是最大的可再生能源发电类别，发电量达 43 550 亿 kWh，占比为 58.1%。2020 年全球可再生能源分品类发电情况见表 1-2。

表 1-2　2020 年全球可再生能源分品类发电情况

类别	发电量（亿 kWh）	增速（%）	占比（%）	对可再生能源发电增长的贡献率（%）
风电	15 902	12.2	21.2	40.5
光伏	8444	19.9	11.3	32.8
水电	43 550	2.2	58.1	21.9
生物质发电	5862	2.4	7.8	3.2
其他	1167	5.8	1.6	1.5

数据来源：BP《Statistical Review of World Energy 2021》

第 2 章

我国宏观经济形势及能源供需概况

2.1 我国宏观经济形势

我国[1]经济迈上百万亿元新台阶。2020年我国疫情防控和经济社会发展取得重大成果，经济运行持续稳定恢复，全年GDP为102万亿元人民币，同比增长2.3%，在世界主要经济体中唯一实现正增长。2011—2020年全球及主要国家和地区GDP增速见表2-1。

表2-1　2011—2020年全球及主要国家和地区GDP增速　单位：%

年份	2011	2012	2013	2014	2015	2016	2017	2018	2019	2020
全球	4.2	3.5	3.5	3.5	3.5	3.3	3.8	3.6	2.8	-3.3
发达经济体	1.7	1.2	1.4	2.1	2.4	1.8	2.5	2.3	1.6	-4.7
新兴市场与发展中经济体	6.3	5.4	5.1	4.7	4.3	4.5	4.8	4.5	3.6	-2.2
美国	1.6	2.2	1.8	2.5	3.1	1.7	2.3	3.0	2.2	-3.5
中国	9.6	7.9	7.8	7.4	7.0	6.8	6.9	6.7	6.0	2.3
日本	0	1.4	2.0	0.3	1.6	0.8	1.7	0.6	0.3	-4.8
欧元区	1.6	-0.9	-0.3	1.4	2.0	1.9	2.6	1.9	1.3	-6.6
英国	1.3	1.4	2.2	2.9	2.4	1.7	1.7	1.3	1.4	-9.9
俄罗斯	5.1	4.0	1.8	0.7	-2.0	0.2	1.8	2.8	2.0	-3.1

数据来源：IMF全球经济数据库、国家统计局

人均GDP保持正增长。2020年我国人均GDP达72 000元，同比增长1.9%，远高于发达经济体与发展中经济体的平均增速。按照世界银行标准，我国已稳定在中高收入国家行列。2011—2020年我国与发达经济体和发展中经济体人均GDP增速如图2-1所示。

经济结构持续优化，疫情影响下第三产业对GDP增长的贡献率有所下降。2020年，我国第一产业增加值7.8万亿元人民币，同比增长3.0%，占GDP总量的7.7%；第二产业增加值38.4万亿元人民币，同比增长2.6%，占比37.8%；第三产业增加值55.4万亿元人民币，同比增长2.1%，占比

[1] 如无特别说明，本报告中“我国”“中国”均指中国内地，不含香港特别行政区、澳门特别行政区和台湾省。

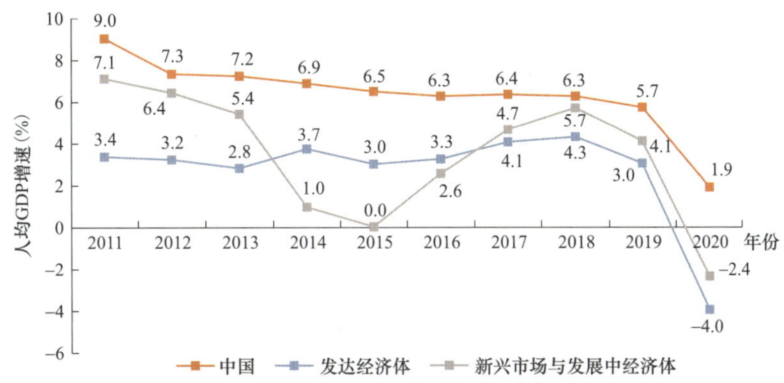

图 2-1　2011—2020 年我国与发达经济体和发展中经济体人均 GDP 增速

数据来源：IMF 全球经济数据库、国家统计局

54.5%，对 GDP 增长的贡献率 47.3%，同比下降 14.9 个百分点，比第二产业贡献率高出 4.0 个百分点。2011—2020 年我国各产业增加值占比及贡献率见表 2-2。

表 2-2　　2011—2020 年我国各产业增加值占比及贡献率　　单位：%

年份	2011	2012	2013	2014	2015	2016	2017	2018	2019	2020
第一产业占比	9.2	9.1	8.9	8.7	8.4	8.1	7.6	7.2	7.1	7.7
第一产业贡献率	4.1	5.0	4.2	4.6	4.5	4.1	4.8	4.2	8.0	9.5
第二产业占比	46.5	45.4	44.2	43.3	41.1	40.1	40.5	40.7	39.0	37.8
第二产业贡献率	52.0	50.0	48.5	47.9	42.5	38.2	35.7	36.1	29.8	43.3
第三产业占比	44.3	45.5	46.9	48.0	50.5	51.8	51.9	52.2	53.9	54.5
第三产业贡献率	43.9	45.0	47.2	47.5	53.0	57.7	59.6	59.7	62.2	47.3

数据来源：国家统计局

2020 年经济发展新动能指数同比增长 35.3%，网络经济是经济发展新动能中的最大推动力。我国经济发展新动能监测[1]结果显示，以 2014 年为基数 100，2020 年我国经济发展动能指数为 440，同比增长 35.3%。各项分类指数同比均有提升，其中网络经济指数高达 1324，同比大幅增长 54.8%，对经济发展新动能指数增长的贡献率为 81.7%，是拉动我国经济发展新动

[1] 为动态监测我国经济发展新动能变动情况，国家统计局统计科学研究所在《新产业新业态新商业模式统计监测制度》和经济发展新动能统计指标体系的基础上，采用定基指数方法测算了 2020 年我国经济发展新动能指数，并修订了 2015—2019 年历史指数数据。

能中的主要力量。2015—2020 年经济发展新动能指数及分类指数如图 2-2 所示。

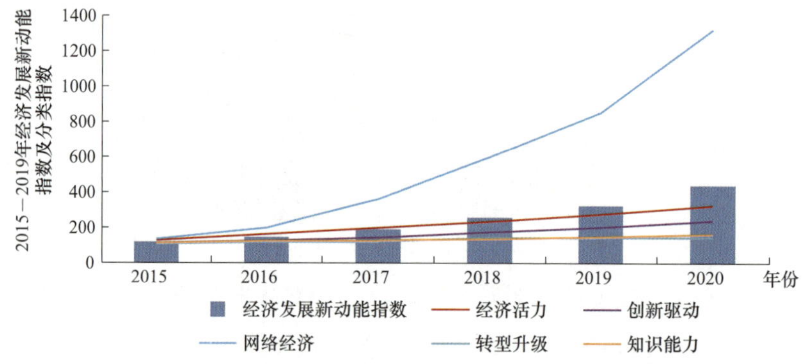

图 2-2　2015—2020 年经济发展新动能指数及分类指数

数据来源：国家统计局

2.2　我国能源需求

2.2.1　能源消费总量

能源消费总量保持增长，增速放缓。2020 年我国能源消费总量 49.8 亿 t 标准煤，同比增长 2.2%，受新冠肺炎疫情影响，增速同比回落 1.1 个百分点。2011—2020 年我国能源消费总量及增速如图 2-3 所示。

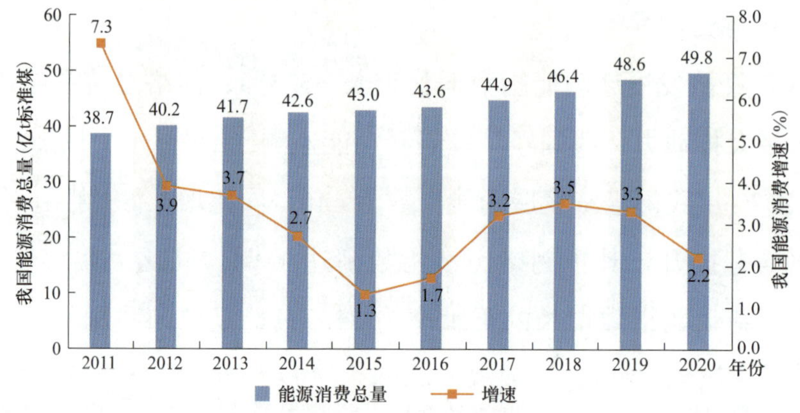

图 2-3　2011—2020 年我国能源消费总量及增速

数据来源：国家统计局

我国是全球第一大能源消费国。2020 年我国能源消费保持正增长，高于全球能源消费增速 6.7 个百分点，占全球能源消费总量的 26.1%，比上年提升 1.7 个百分点。

2.2.2　能源消费结构

非化石能源消费占比持续提升。2020 年我国煤炭消费量 28.3 亿 t 标准煤，同比增长 0.6%，占能源消费总量的 56.8%，比上年下降 0.9 个百分点；原油消费量 9.4 亿 t 标准煤，同比增长 3.3%，占比 18.9%，比上年下降 0.1 个百分点；天然气消费量 4.2 亿 t 标准煤，同比增长 7.2%，占比 8.4%，比上年提高 0.2 个百分点；非化石能源占比 15.9%，比上年提高 0.7 个百分点，达到“十三五”规划目标。2011—2020 年我国能源消费结构如图 2-4 所示。

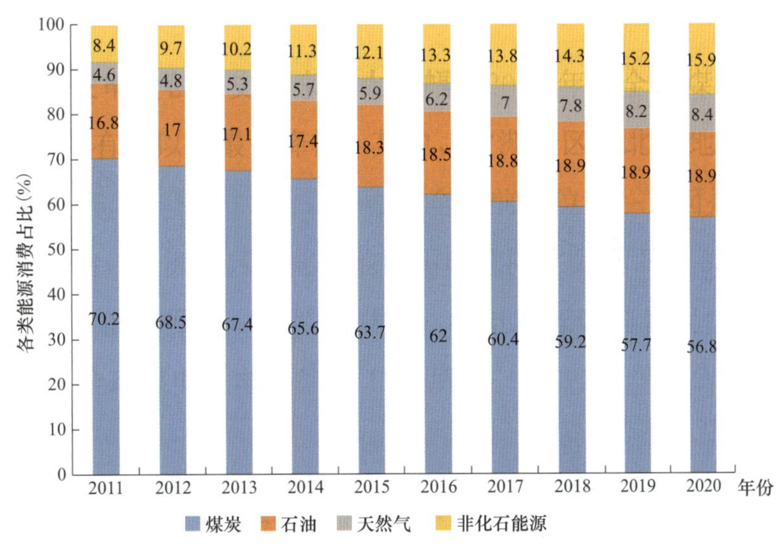

图 2-4　2011—2020 年我国能源消费结构

数据来源：国家统计局

我国清洁能源消费比重低于发达国家水平。2020 年，我国清洁能源（天然气+非化石能源）消费量占能源消费总量的 24.3%，低于世界平均水平（41.6%），与主要国家相比，仅高于印度（17.0%）7.3 个百分点。2020 年全球主要国家能源消费结构见表 2-3。

表 2-3　2020 年全球主要国家能源消费结构　单位：%

国家（地区）	煤炭	石油	天然气	非化石能源
全球总计	27.2	31.2	24.7	16.9
中国	56.8	18.9	8.4	15.9
美国	10.5	37.1	34.1	18.3
印度	54.8	28.2	6.7	10.3
俄罗斯	11.6	22.6	52.3	13.6
日本	26.9	38.1	22.1	12.9
加拿大	3.6	31.3	29.8	35.4
德国	15.2	34.8	25.7	24.3
法国	2.2	30.8	16.8	50.2

数据来源：BP《Statistical Review of World Energy 2021》、国家统计局

2.3　我国能源供应

2.3.1　能源生产总量

能源生产增速放缓。2020 年我国一次能源生产总量 40.8 亿 t 标准煤，同比增长 2.8%，增速同比回落 2.3 个百分点。2011—2020 我国能源生产总量及增速如图 2-5 所示。

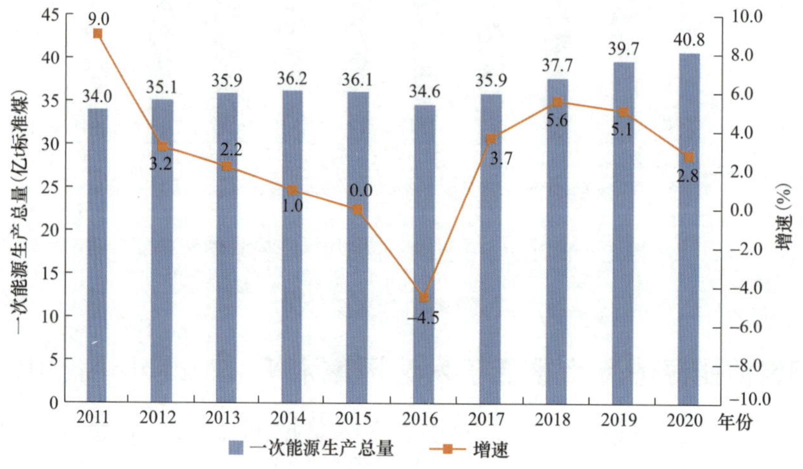

图 2-5　2011—2020 我国各类能源生产总量及增速

数据来源：国家统计局

2.3.2　能源生产结构

非化石能源产量占比持续提高。2020 年我国化石能源产量占一次能源生产总量的 80.4%，比上年下降 0.6 个百分点，其中煤炭占比 67.6%，比上年下降 0.9 个百分点；石油占比 6.8%，比上年下降 0.1 个百分点；天然气占比持续提高至 6.0%，比上年提高 0.4 个百分点。非化石能源占比 19.6%，比上年提高 0.6 个百分点。2011—2020 年我国各类能源产量如图 2-6 所示，2011—2020 年我国能源生产结构见表 2-4。

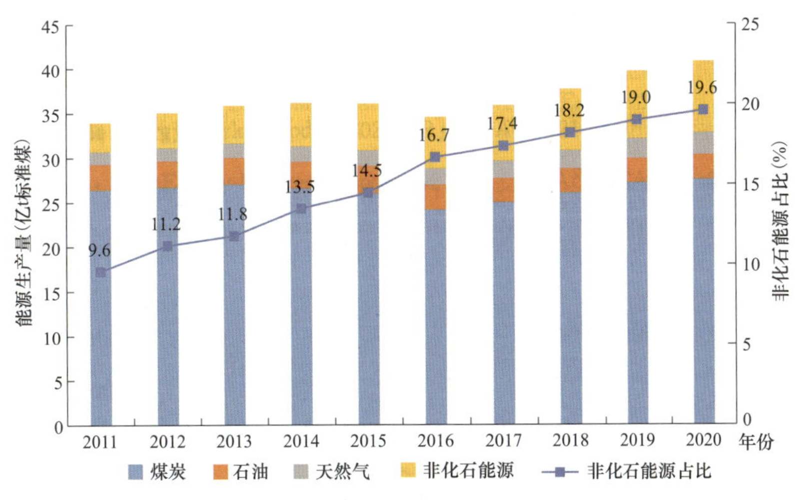

图 2-6　2011—2020 年我国各类能源产量

数据来源：国家统计局

表 2-4　2011—2020 年我国能源生产结构　单位：%

年份	2011	2012	2013	2014	2015	2016	2017	2018	2019	2020
煤炭	77.8	76.2	75.4	73.6	72.2	69.6	69.7	69.2	68.5	67.6
石油	8.5	8.5	8.4	8.4	8.5	8.2	7.6	7.2	6.9	6.8
天然气	4.1	4.1	4.4	4.7	4.8	5.3	5.4	5.6	5.6	6.0
非化石能源	9.6	11.2	11.8	13.3	14.5	16.9	17.4	18.0	19.0	19.6

数据来源：国家统计局

天然气产量占全球比重逐步上升。2020 年，我国煤炭、石油、天然气产量占全球煤炭、石油、天然气产量的比重分别为 50.7%、4.7%和 5.0%，同比分别提升3.2、0.4、0.5个百分点。2011年以来，我国天然气产量占全球比重持续提升。2011—2020年我国能源产量占全球能源产量比重见表2-5。

表2-5　2011—2020年我国能源产量占全球能源产量比重　单位：%

年份	2011	2012	2013	2014	2015	2016	2017	2018	2019	2020
煤炭占比	47.9	47.9	47.6	47.0	47.3	46.2	46.5	46.5	47.5	50.7
石油占比	5.1	5.0	5.1	5.0	4.9	4.6	4.4	4.2	4.3	4.7
天然气占比	3.3	3.4	3.6	3.8	3.9	3.9	4.1	4.2	4.5	5.0

数据来源：BP《Statistical Review of World Energy 2021》

2.4　我国能源供需总体情况

2.4.1　我国能源供需平衡情况

能源自给率有所回升，能源进口量仍在增长。2020年，我国一次能源产量同比增长2.8%，受新冠肺炎疫情对能源消费的影响，能源产量超过能源消费增速0.6个百分点，能源自给率达81.9%，同比提升0.2个百分点。"十三五"以来，我国能源生产明显加快，2017年后能源生产增速超过能源消费增速，能源自给率逐年回升，但与前期高点仍存不小差距，能源进口总量继续增长。2011—2020年我国能源消费/生产总量及增速如图2-7所示，2011—2020年我国能源自给率如图2-8所示。

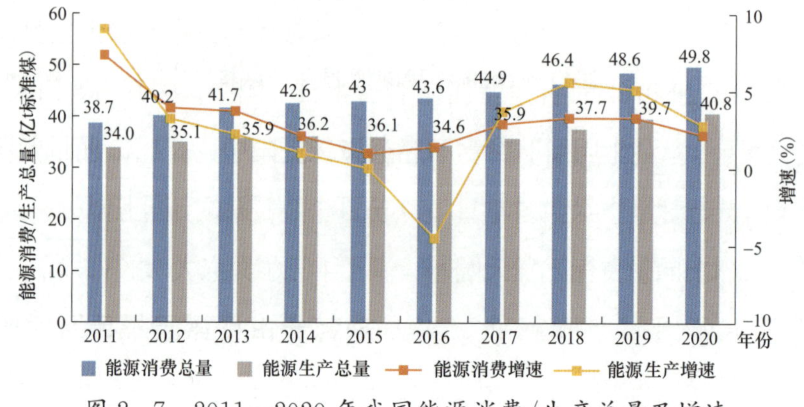

图2-7　2011—2020年我国能源消费/生产总量及增速

数据来源：国家统计局

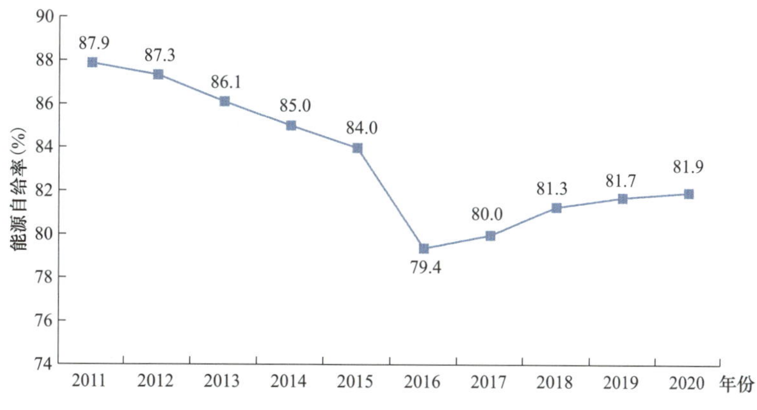

图 2-8　2011—2020 年我国能源自给率

数据来源：根据国家统计局数据折算

2.4.2　“十三五”能源发展目标完成情况

总体来看，我国能源“十三五”规划大部分指标均如期或提前完成，但天然气消费占比、能源利用效率等指标完成度不及预期，能源“十三五”规划主要指标完成情况见表 2-6。

表 2-6　能源“十三五”规划主要指标完成情况

类别	指标	单位	预期目标		完成情况		达标情况
			2015	2020	2019	2020	
能源总量	一次能源生产	亿 t 标准煤	36.2	40	39.7	40.8	√
	电力装机总量	亿 kW	15.3	20	20.1	22.0	√
	能源消费总量	亿 t 标准煤	43	<50	48.6	49.8	√
	煤炭消费总量	亿 t 原煤	39.6	<41	39.3	39.5	√
	全社会用电量	万亿 kWh	5.69	6.8—7.2	7.2	7.5	√
能源安全	能源自给率	%	84	>80	81.7	81.9	√
能源结构	非化石能源装机比重	%	35	39	40.8	43.4	√
	非化石能源发电比重	%	27	31	30.4	32.1	√
	非化石能源消费比重	%	12	>15	15.2	15.9	√
	天然气产量	亿 m^3	1346	2200	1762	1925	×
	天然气消费比重	%	5.9	10	8.2	8.4	×

续表

类别	指标	单位	预期目标		完成情况		达标情况
			2015	2020	2019	2020	
能源结构	煤炭消费比重	%	64	＜58	57.7	56.8	√
	电煤占煤炭消费比重	%	49	55	58.2	—	√
能源效率	单位GDP能耗降低	%		15	13.2	13.5	×
	煤电机组供电煤耗	g标准煤/kWh	318	＜310	—	305.5	√
	电网线损率	%	6.64	＜6.5	—	5.6	√
能源环保	单位国内生产总值二氧化碳排放降低	%	—	18	18.2	18.8	√

注 单位GDP能耗降低、单位国内生产总值二氧化碳排放降低均为比2015年降低水平。2020年预期目标中，有“＜”和“＞”符号的为约束性指标，其他为预期性指标。

能源总量完成控制目标，非化石能源占比高于预期。2020年，能源消费总量49.8亿t标准煤，低于50亿t标准煤的目标上限，其中煤炭消费占比56.8%，非化石能源占比15.9%，均超额完成“十三五”规划目标要求。能源生产方面，2020年能源生产总量40.8亿t标准煤，其中原煤39.0亿t，原油1.95亿t，非化石能源8.0亿t标准煤，基本达到“十三五”规划目标要求。

节能减排取得阶段性成效，能源利用效率提升低于预期。2020年，6000kW及以上电厂供电标准煤耗降至305.5g标准煤/kWh，电网线损率降至5.6%，均优于预期目标。2020年单位GDP二氧化碳排放量比2015年降低18.8%，超额完成“十三五”下降18%的目标。2020年我国单位GDP能耗比2015年降低13.5%，低于预期目标1.5个百分点。

能源安全保障能力得到提升，进口需求仍然较强。2020年，我国能源自给率达81.9%，高于目标1.9个百分点。截至2020年底，累计建成27座地下储气库，有效工作气量143亿m^3，基本实现“十三五”规划目标。2020年我国石油进口来源国达50个，天然气进口来源国达28个，能源进口需求仍较强。

天然气产量和消费占比均不及预期。“十三五”以来，我国天然气消费

增速呈先升后降趋势，2020 年天然气消费占比 8.4%，低于目标值 1.6 个百分点。2020 年天然气产量 1925 亿 m^3，低于 2200 亿 m^3 的目标值。

2.5　我国能源关键指标分析

2.5.1　单位产值能耗

单位产值能耗与上年基本持平。2020 年我国单位产值能耗 0.62t 标准煤/万元（2010 年可比价），同比小幅下降 0.1%。2011—2018 年我国单位产值能耗迅速降低，2019 年以来降幅趋缓。2011—2020 年我国单位产值能耗（2010 年可比价）如图 2-9 所示。

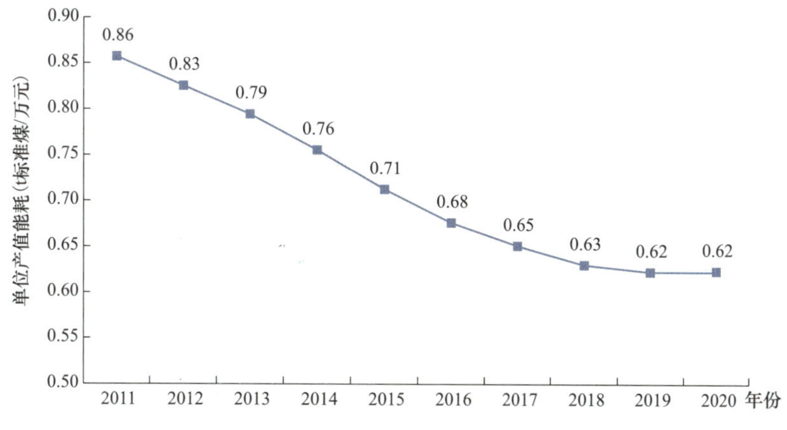

图 2-9　2011—2020 年我国单位产值能耗（2010 年可比价）

数据来源：根据国家统计局数据折算

2.5.2　单位产值电耗

单位产值电耗小幅回升。2020 年我国单位产值电耗 941kWh/万元（2010 年可比价），同比提升 1.3%。其中，第一产业单位产值电耗 140kWh/万元，同比下降 0.6%；第二产业 1697kWh/万元，同比增长 3.1%；第三产业 243kWh/万元，同比下降 0.8%。随着高载能新增产能的逐步释放，电耗可能进一步提升。2011—2020 年我国单位产值电耗（2010 年可比价）如图 2-10 所示。

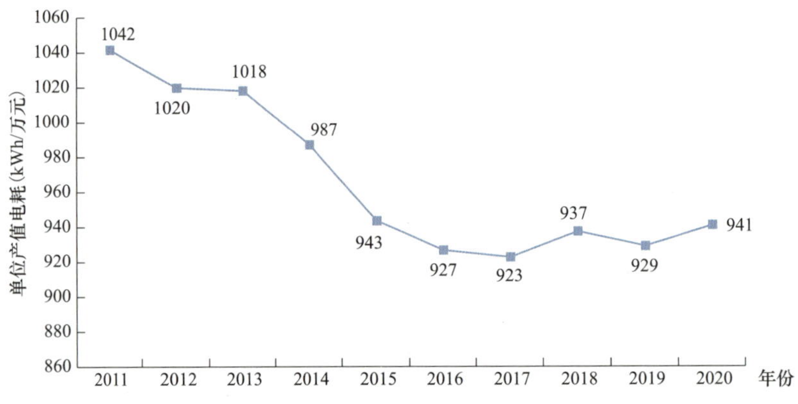

图 2-10　2011—2020 年我国单位产值电耗（2010 年可比价）

数据来源：根据国家统计局数据折算

2.5.3　能源消费弹性系数

能源消费弹性系数大幅回升。2020 年，在新冠肺炎疫情影响下，我国经济增速大幅放缓，能源消费弹性系数显著回升。2020 年我国能源消费弹性系数为 0.96。2011—2020 年能源消费弹性系数如图 2-11 所示。

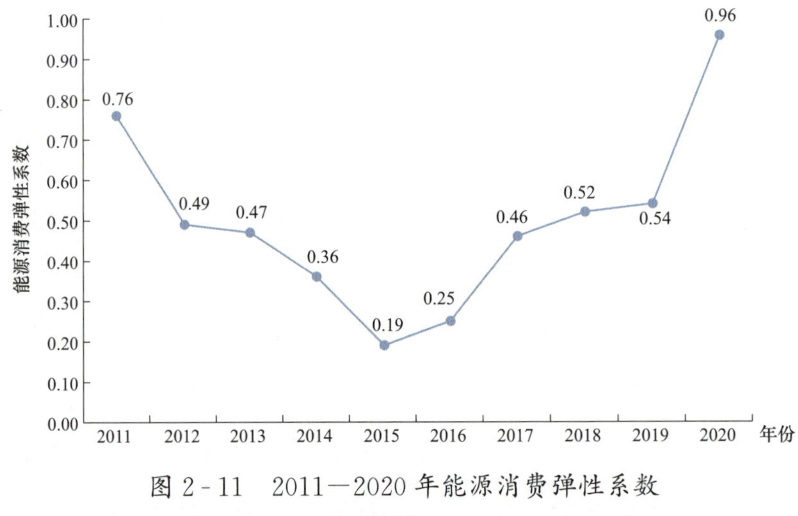

图 2-11　2011—2020 年能源消费弹性系数

数据来源：根据国家统计局数据折算

2.5.4　对外依存度

原油对外依存度持续提升，天然气对外依存度小幅回落。2020 年，我

国原油对外依存度 3.5%，同比提高 0.9 个百分点；天然气对外依存度 42.2%，同比下降 1.0 个百分点。2011—2020 年我国原油、天然气对外依存度如图 2 - 12 所示。

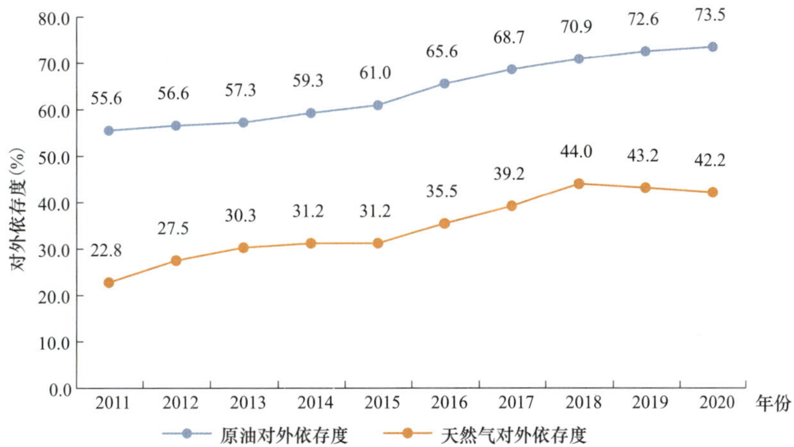

图 2 - 12　2011—2020 年我国原油、天然气对外依存度

数据来源：海关总署、国家能源局

第 3 章

我国分品类能源供需概况

3.1　煤炭

3.1.1　煤炭需求

煤炭消费量连续第四年增长。2020 年我国煤炭消费 28.3 亿 t 标准煤，折合成煤炭消费实物量为 40.4 亿 t，同比增长 0.6%，占能源消费总量的 56.8%。2011—2020 年我国煤炭消费总量及增速如图 3-1 所示。

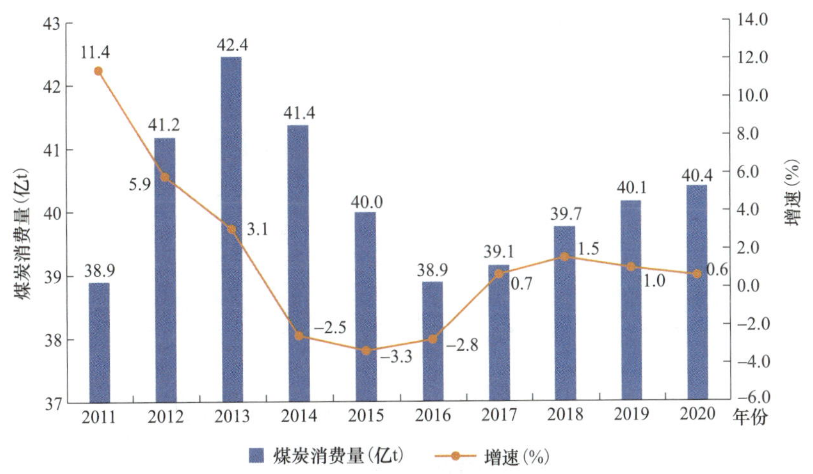

图 3-1　2011—2020 年我国煤炭消费总量及增速

数据来源：国家统计局

煤炭消费主要集中在华北和华东地区。2019 年煤炭消费量排名前六的省份分别是山西省、内蒙古、山东省、河北省、江苏省和河南省。2011—2019 年，六省煤炭消费量呈现上升趋势，占全国煤炭总消费量的比重从 41.4% 上升至 45.2%。分区域[1]看，华北地区煤炭消费量占全国比重最高，达

[1] 本报告中的华北地区包括北京市、天津市、河北省、山西省、内蒙古自治区，东北地区包括辽宁省、吉林省、黑龙江省，华东地区包括上海市、江苏省、浙江省、安徽省、福建省、江西省、山东省，华中地区包括河南省、湖北省、湖南省，华南地区包括广东省、广西壮族自治区、海南省，西南地区包括四川省、贵州省、云南省、重庆市、西藏自治区，西北地区包括甘肃省、陕西省、青海省、宁夏回族自治区、新疆维吾尔自治区，港澳台地区除外。

27.4%；华东地区位列第二，消费占比25.3%；西北地区煤炭消费占比14.7%，居全国第三。2019年我国各省份煤炭消费量及占比见表3-1，2019年我国分区域煤炭消费占比如图3-2所示。

表3-1　2019年我国各省份煤炭消费量及占比（前十位）

排序	省（市）	消费量（百万t）	占比（%）
1	山西	492	17.5
2	内蒙古	436	15.5
3	山东	383	13.7
4	河北	260	9.3
5	江苏	247	8.8
6	河南	230	8.2
7	新疆	217	7.7
8	陕西	213	7.6
9	辽宁	168	6.0
10	广东	167	6.0

数据来源：各省统计局

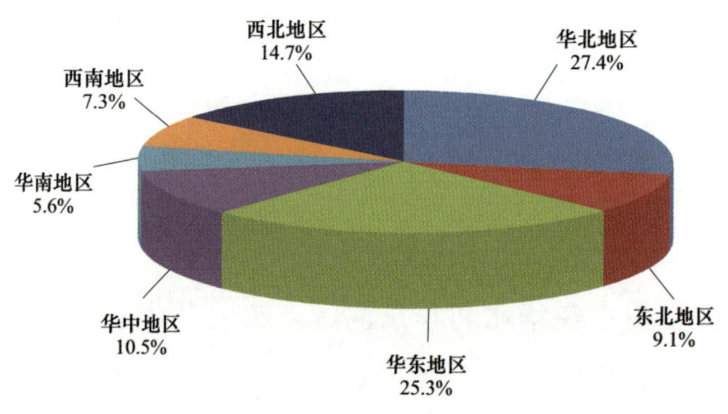

图3-2　2019年我国分区域煤炭消费占比

数据来源：根据各省统计局数据评估

电力、钢铁、建材和化工行业耗煤量占比持续上升。2020年电力、钢铁、建材和化工等行业合计耗煤量约占煤炭消费总量的90.7%。其中电力行业煤炭消费量23.1亿t，钢铁行业6.7亿t，建材行业3.8亿t，化工行业3.0亿t，其他行业合计约3.7亿t。2020年我国分行业煤炭消费占比如

图 3-3 所示。

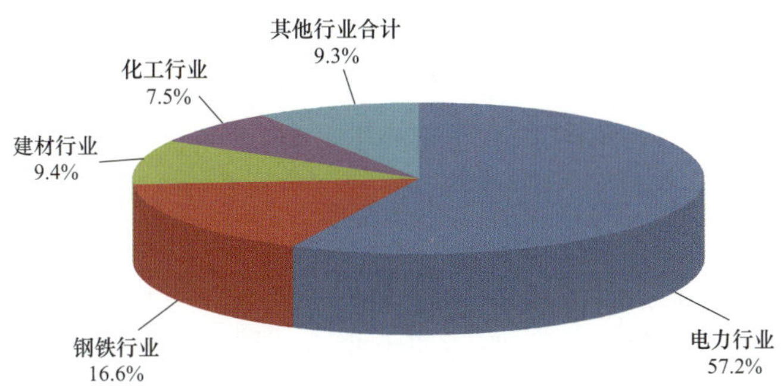

图 3-3 2020 年我国分行业煤炭消费占比

数据来源：中国煤炭工业协会《2020 煤炭行业发展年度报告》

3.1.2 煤炭供应

煤炭产量连续四年增长，增速有所下滑。2020 年我国持续推进煤炭增优减劣，优质先进产能稳中有升，原煤产量 39 亿 t，同比增长 1.4%，增速同比下降 2.6 个百分点。煤炭开采和洗选业产能利用率为 69.8%，比上年降低 0.8 个百分点。2011—2020 年我国原煤总产量及增速如图 3-4 所示。

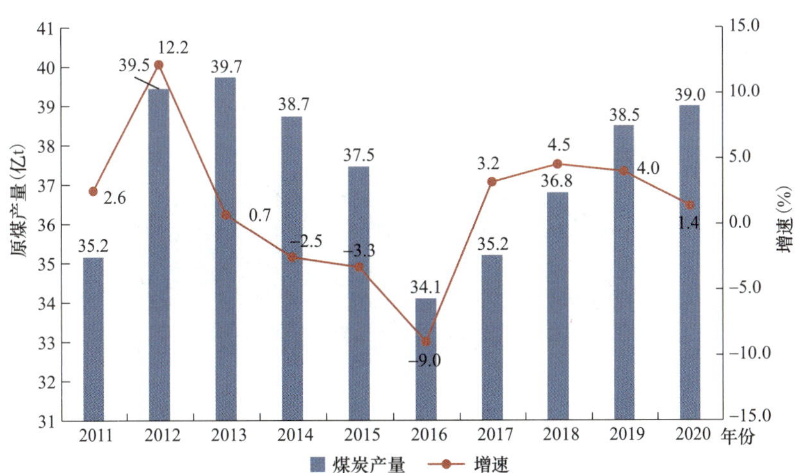

图 3-4 2011—2020 年我国原煤总产量及增速

数据来源：国家统计局

资源富集地区的煤炭产能优势进一步体现，华北地区煤炭产能居全国首位。分省看，2020年山西省原煤产量最多，达1063百万t，占全国原煤总产量的27.5%；其次为内蒙古自治区，产量达1026百万t，占比26.5%；陕西省位列第三，产量达679百万t，占比17.5%。分区域看，华北地区煤炭产量最高，占比55.2%；其次是西北地区，占比27.9%。2020年我国各省份原煤产量及占比（前十位）见表3-2，2020年我国分区域煤炭产量占比如图3-5所示。

表3-2　　2020年我国各省份原煤产量及占比（前十位）

排序	省（市）	产量（百万t）	占比（%）
1	山西省	1063	27.5
2	内蒙古自治区	1026	26.5
3	陕西省	679	17.5
4	新疆维吾尔自治区	270	7.0
5	贵州省	119	3.1
6	安徽省	111	2.9
7	山东省	109	2.8
8	河南省	105	2.7
9	宁夏回族自治区	82	2.1
10	云南省	53	1.4

数据来源：国家统计局

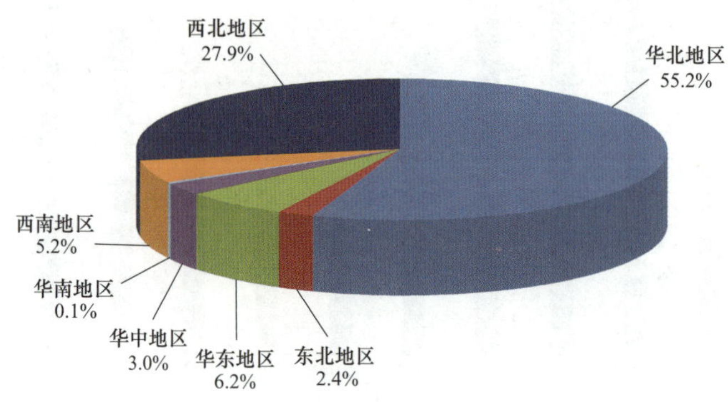

图3-5　2020年我国分区域煤炭产量占比

数据来源：国家统计局

3.1.3 煤炭供需影响因素

（1）煤炭价格。2020 年，我国煤炭价格先降后升，从二季度开始煤价进入上升通道并持续增强。从环渤海动力煤价格指数来看，2020 年平均价格 549 元/t，同比降低 23.9 元/t，自 5 月后，煤价进入上升通道，12 月达到 585 元/t，创年内新高。从秦皇岛煤炭价格指数来看，4500、5000、5500 大卡动力煤年度平均综合价分别为 450、504、558 元/t，同比分别减少 4.6、5.8、16.0 元/t。2020 年环渤海动力煤（5500 大卡）价格情况如图 3-6 所示，2020 年秦皇岛煤炭价格情况如图 3-7 所示。

图 3-6　2020 年环渤海动力煤（5500 大卡）价格情况

数据来源：万得资讯（WIND）

（2）煤炭供给侧改革。我国大力淘汰煤炭落后产能，煤炭占能源消费比重进一步降低。2020 年是国家推动煤炭供给侧改革的第五年。五年间，我国以煤炭煤电去产能为重点，退出大量煤炭落后产能，超额完成“十三五”煤炭去产能目标，累计退出落后产能和过剩产能超过 10 亿 t，煤炭产量由 2016 年的 34.1 亿 t 增加到 2020 年的 39 亿 t，年均增长 3.4%；年产 120 万 t 及以上的大型现代化煤矿 1200 多处，产量占全国的 80%左右，全国煤炭供应保障能力得到提高。2020 年底，清洁能源发电装机规模增长到 10.8 亿 kW，首次超过煤电装机，占总装机比重达到 49.2%，煤炭占能源消费总量的比重降低至56.8%，能源消费结构向清洁低碳加快转变。

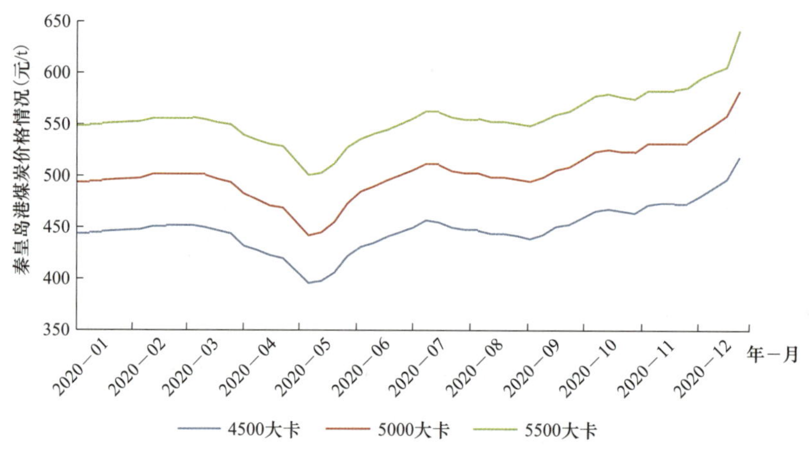

图3-7　2020年秦皇岛煤炭价格情况

数据来源：万得资讯（WIND）

煤矿数量大幅减少，小型煤矿数量锐减。2020年底，全国煤矿数量由2016年的11 000处减少到约4700处，从业人数减少到203万人左右，但全国煤矿年人均工作效率由2016年的925t提高到2020年的2600t以上，增长181%。全国煤矿平均单井规模由2016年的35万t/年增加到110万t/年，增长214.3%。全国煤矿机械化水平大幅提高，大型煤炭企业采煤机械化程度达到98.9%。随着煤矿智能化开采示范工程建设稳步推进，煤矿智能化政策措施支持，全国已建成400多个智能化开采工作面，启动首批71家智能化煤矿建设，14个大型煤炭基地产量增长到全国的96.6%。截至2020年底，全国30万t/年以下煤矿1129处、产能1.48亿t/年，较2018年底减少911处、产能1.04亿t/年，降幅分别达45%、41%。

3.1.4　煤炭供需平衡情况

煤炭供需形势进一步好转。2020年我国煤炭生产量和消费量的缺口为1.4亿t，同比缩小0.3亿t。2016年以来，我国煤炭产能持续回升，消费量基本保持平稳，2020年内供应紧张形势有所缓解。2011—2020年我国煤炭生产/消费量如图3-8所示。

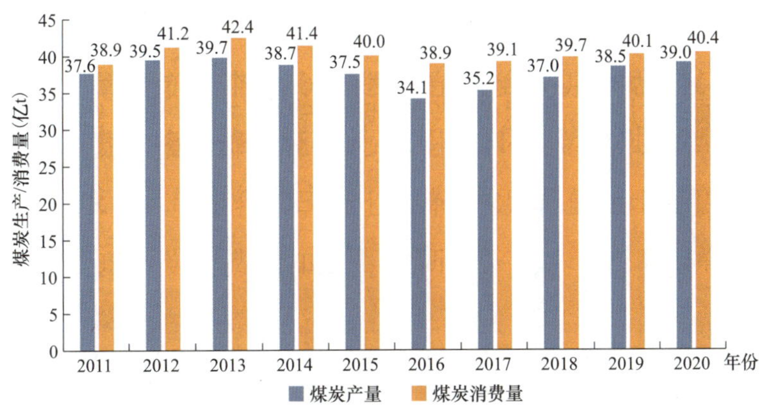

图 3-8　2011—2020 年我国煤炭生产/消费量

数据来源：国家统计局

煤炭进口连续五年保持增长，进口需求量较大。2020 年，我国进口煤炭 30 399 万 t，同比增长 1.5%，增速同比回落 4.8 个百分点，进口量占煤炭消费总量的 7.5%，比上年下降 0.1 个百分点；进口量占全球进口量的 21.1%，是最大的煤炭进口国；出口煤炭 319 万 t，同比下降 47.1%。从进口煤炭品种来看，动力煤 22 329 万 t（其中进口褐煤 9907 万 t），炼焦煤 7227 万 t，无烟煤 776 万 t。从进口国来看，2020 年我国进口煤炭主要来源于印度尼西亚 15 042 万 t，俄罗斯 4807 万 t，澳大利亚 4236 万 t，蒙古国 2051 万 t，菲律宾 811 万 t。2020 年我国进口煤炭来源分布如图 3-9 所示，各月煤炭进口量如图 3-10 所示。

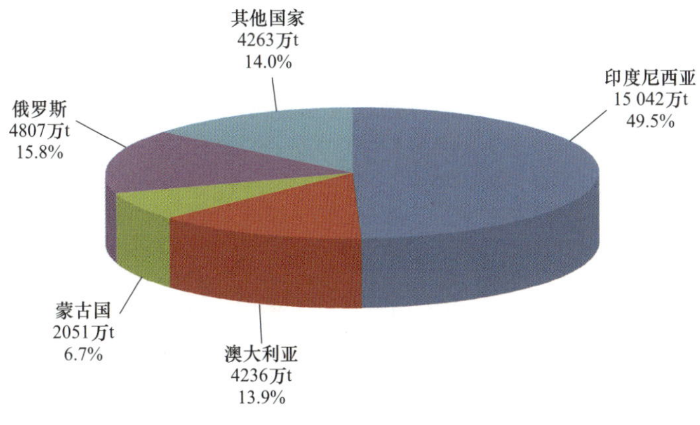

图 3-9　2020 年我国进口煤炭来源分布

数据来源：海关总署

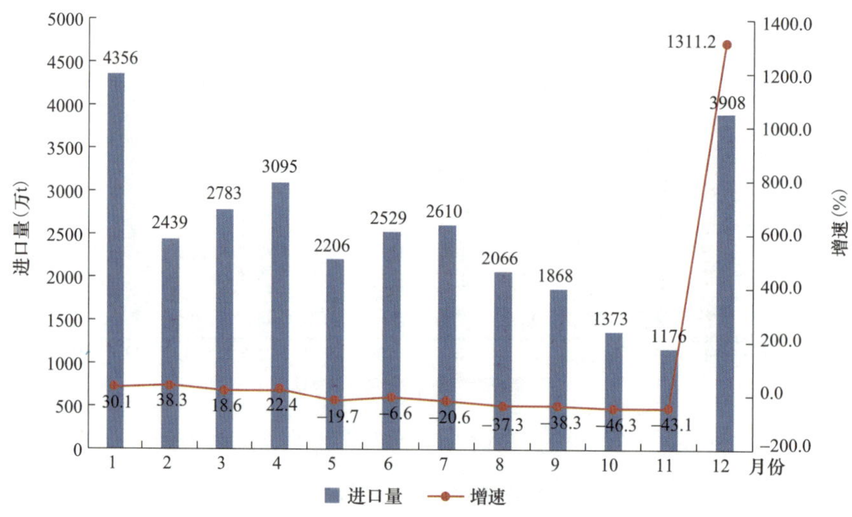

图 3-10　2020 年我国各月煤炭进口量

数据来源：海关总署

东南沿海地区对进口煤需求较强。2020 年沿海地区共进口煤炭 1.89 亿 t，占进口总量的 62.0%。分地区看，华东地区进口 1.19 亿 t，占进口总量的 39.3%；其次为华北及华南地区，合计进口 1.40 亿 t，占比 46.1%。2020 年我国各区域煤炭进口量见表 3-3。

表 3-3　2020 年我国各区域煤炭进口量（前三名）

序号	地区	进口量（亿 t）	占比（%）
1	华东地区	1.19	39.3
2	华北地区	0.83	27.2
3	华南地区	0.57	18.9

数据来源：海关总署

3.2　石油

3.2.1　石油需求

原油消费量保持增长，但增速放缓。2020 年受新冠肺炎疫情影响，原油消费增速放缓，全年消费量 6.95 亿 t，同比增长 3.3%，增速同比下降

3.5个百分点。2011年以来，我国原油消费呈持续增长态势，2011—2020年均增长率为5.2%。2011—2020年我国原油消费量及增速如图3-11所示。

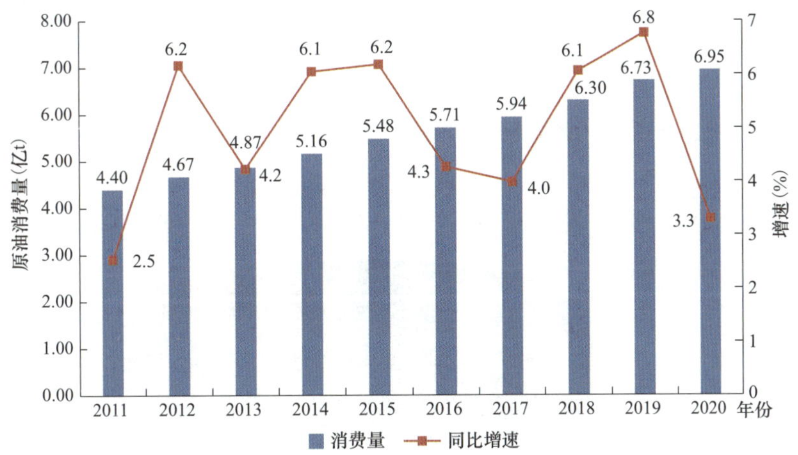

图3-11　2011—2020我国原油消费量及增速

数据来源：国家统计局

原油消费主要集中于东部地区。山东和辽宁面向良港，炼化产业较多，原油加工量大，油品消费需求旺盛。2019年山东原油消费量151百万t，同比增长15.3%，占全国原油消费的22.9%；辽宁原油消费量73.4百万t，同比增长1.6%，占比11.1%。广东、江苏、浙江、上海由于人口较多，经济发达，原油消费量较大，合计占比23.3%。分区域看，华东地区消费量2.9亿t，占比46.2%，远高于其他地区。2019年我国分省份原油消费量（前十位）见表3-4，2019年我国分区域原油消费占比如图3-12所示。

表3-4　2019年我国分省份原油消费量（前十位）

排序	省（市）	消费量（百万t）	占比（%）
1	山东	151	22.9
2	辽宁	73.4	11.1
3	广东	55.5	8.4
4	江苏	39.9	6.1
5	浙江	31.1	4.7
6	上海	27.3	4.1
7	新疆	26.0	3.9

续表

排序	省（市）	消费量（百万 t）	占比（%）
8	福建	20.6	3.1
9	广西	18.3	2.8
10	陕西	18.2	2.8

数据来源：国家统计局、《中国能源统计年鉴》及各省统计年鉴

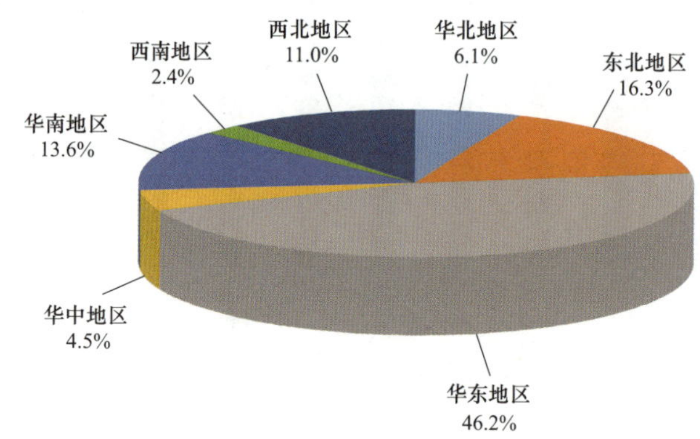

图 3-12　2019 年我国分区域原油消费占比

数据来源：国家统计局、《中国能源统计年鉴》及各省统计年鉴

成品油消费负增长。2020 年，新冠肺炎疫情影响交通出行，成品油表观消费量 2.89 亿 t，同比下降 6.6%，增速同比大幅回落 8.0 个百分点，为 2011 年以来首次负增长。2011—2020 年我国成品油表观消费量及增速如图 3-13 所示。

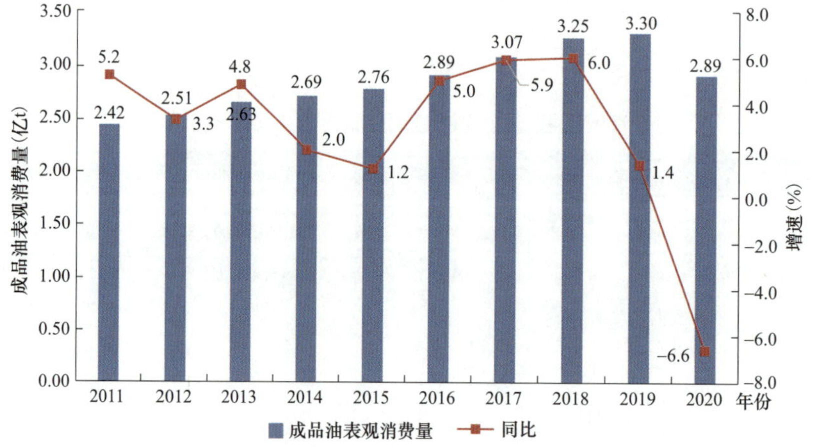

图 3-13　2011—2020 年我国成品油表观消费量及增速

数据来源：国家统计局

汽油、柴油消费均负增长，汽油增速降幅大于柴油。2020 年我国汽油表观消费量 1.16 亿 t，同比下降 7.1%，增速同比回落 9.4 个百分点，为 2011 年以来首次负增长；柴油表观消费量 1.40 亿 t，同比下降 3.9%，增速同比回落 3.4 个百分点。2011—2020 年我国汽油和柴油消费量如图 3-14 所示。

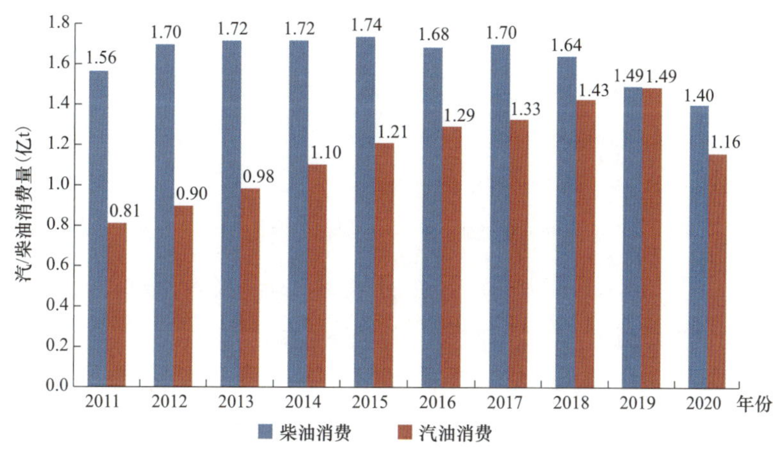

图 3-14　2011—2020 年我国汽油和柴油消费量

数据来源：国家统计局

3.2.2　石油供应

原油产量低速增长。在“增储上产”政策刺激下，2020 年我国原油产量 1.95 亿 t，同比增长 1.6%，增速同比提升 0.7 个百分点。2011—2020 年原油产量年均增长率-0.4%。2011—2020 年我国原油产量和增速如图 3-15 所示。

原油生产主要集中于西北和东北地区。2019 年西北地区原油产量 65.8 百万 t，居全国第一位，占全国原油产量的 34.5%，主要产地为陕西、新疆；东北地区原油产量 45.5 百万 t，仅次于西北地区，占比 23.8%，主要产地为黑龙江、辽宁。其余地区中，天津、山东、广东原油产量也较大，分别为 31.1 百万、22.4 百万 t 和 14.8 百万 t。2011—2019 年我国各省份原油产量及占比（前十位）见表 3-5，2019 年我国分区域原油产量占比如

图3-16所示。

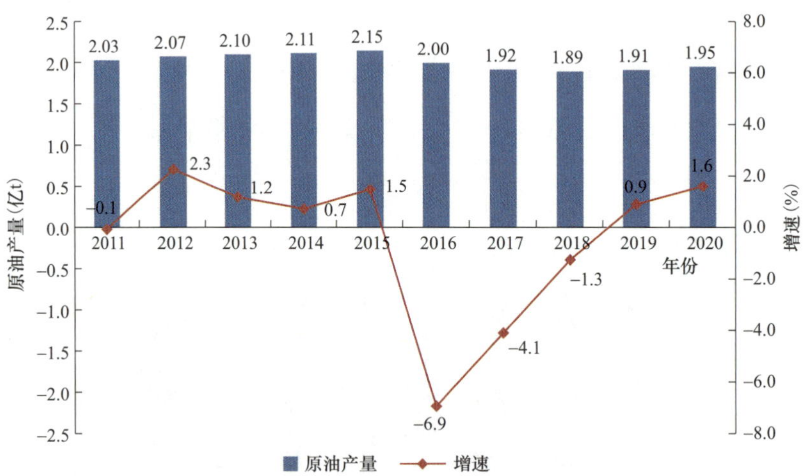

图3-15 2011—2020年我国原油产量和增速

数据来源：国家统计局

表3-5 2011—2019年我国各省份原油产量及占比（前十位）

排序	省（市）	产量（百万t）	占比（%）
1	陕西	35.4	18.5
2	天津	31.1	16.3
3	黑龙江	31.1	16.3
4	新疆	27.5	14.4
5	山东	22.4	11.7
6	广东	14.8	7.7
7	辽宁	10.5	5.5
8	河北	5.5	2.9
9	吉林	3.9	2.0
10	河南	2.5	1.3

数据来源：国家统计局

成品油产量负增长，煤油产量降幅最大。2020年受国内成品油需求疲软等因素影响，我国成品油产量3.31亿t，同比下降8.1%。分品种看，汽油产量1.32亿t，同比下降6.7%；柴油产量为1.59亿t，同比下降4.5%；

煤油产量 0.40 亿 t，同比下降 23.2%。2011—2020 年我国汽油、柴油、煤油产量如图 3-17 所示。

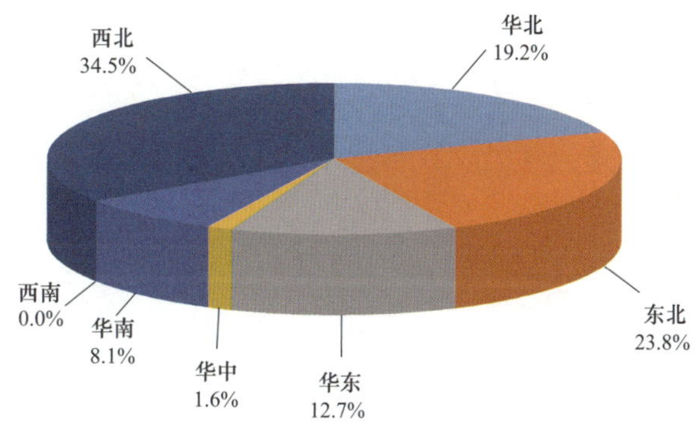

图 3-16　2019 年我国分区域原油产量占比

数据来源：国家统计局

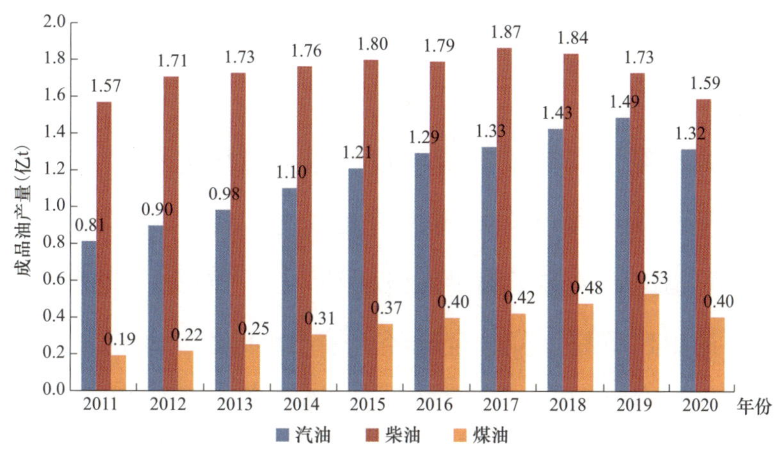

图 3-17　2011—2020 年我国汽油、柴油、煤油产量

数据来源：国家统计局

成品油产能主要集中在东南沿海地区。2019 年，多个炼化项目投产，市场竞争进一步加剧。排名第一的山东成品油总产量 57.2 百万 t，同比下降 19.4%；占全国成品油产量的 15.0%，比上年下降 4.7 个百分点，排名前五位省份成品油生产能力占我国成品油总生产能力的 46.0%，均分布于我国东

部及南部沿海一带。2019 年我国各省份成品油产量（前十位）见表 3-6。

表 3-6　　2019 年我国各省份成品油产量（前十位）　　单位：百万 t

省（市）	汽柴煤总量	汽油	柴油	煤油
山东	57.2	23.2	31.3	2.7
辽宁	47.0	17.9	21.5	7.7
广东	34.8	11.7	14.7	8.4
江苏	19.7	8.1	6.6	5.0
上海	16.5	6.1	7.0	3.4
陕西	14.0	6.4	6.8	0.8
新疆	13.9	4.2	8.6	1.1
福建	13.8	4.1	5.7	4.0
浙江	12.9	3.5	6.4	2.9
广西	12.5	5.2	5.8	1.6

数据来源：国家统计局

3.2.3　石油供需影响因素[1]

（1）国际政治经济局势。疫情导致全球经济严重萎缩，石油需求负增长。2020 年新冠肺炎疫情在全球迅速蔓延，为了控制疫情传播，多国政府采取了“封城”措施，关停了大量经济活动，工厂关闭，供给中断，生产活动暂停，国际进出口贸易下降。全球经历了严重的经济衰退，经济同比下降 3.3%。石油是工业的血液，需求与经济走势高度一致，2020 年全球石油需求负增长。

（2）国际原油供应格局。国际石油供应降幅创历史之最，油气勘探开发投资削减。因 OPEC+实施大规模减产，2020 年世界石油供应量为 9390 万桶/日，同比下降 660 万桶/日。其中，OPEC 石油产量同比下降 400 万桶/日，非 OPEC 石油产量同比下降 260 万桶/日。此外，低油价导致油气行业

[1] 本节数据除特殊标注外，均来源于刘朝全、姜学峰等主编的《2020 年国内外油气行业发展报告》，以及刘晓慧、夏鹏等编写的《2020 年全球石油市场形势及未来走势分析》。

收益降低，全球油气勘探开发投资总体呈下降趋势。能源咨询公司 Rystad energy 发布的数据显示，2020 年全球油气投资总额预计为 3830 亿美元，为 15 年来最低水平，较 2019 年的投资规模下降 20%。油气发现难度加大，投资规模持续减低，一旦需求端相对强劲恢复，油气行业复苏进度恐滞后，出现供不应求局面概率较大。

全球产业格局面临剧烈调整，巨头加快整合并购步伐。一方面，低油价迫使油企通过并购降低成本。从 2020 年第三季度开始，油气巨头之间以寻求扩大规模和降低成本为目标，加快整合并购浪潮。全球油气行业第三季度并购交易总额为 1179 亿美元。其中，美国油气行业第三季度并购交易总额为 548 亿美元，比前四个季度的 203 亿美元平均水平增长 169.8%。另一方面，在低油价和能源低碳转型的双重压力下，国际大石油公司制订了个性化智能化的绿色低碳转型路径，普遍收缩炼化业务，关闭或出售小旧的非核心炼厂，布局亚太等具有需求增长潜力的地区。

(3) 国际石油价格。**2020 年国际油价出现断崖式下跌，主要产油国达成停产协议**。2020 年上半年，新冠肺炎疫情全球蔓延导致市场对石油需求的预期下调。2020 年 3 月 6 日，俄罗斯与沙特阿拉伯没有就减产达成一致，OPEC+联合减产行动破裂，导致沙特阿拉伯发起价格战。2020 年 3 月 9 日，国际石油市场价格开始大跌，截至 2020 年 3 月 31 日，布伦特原油和 WTI 原油价格跌幅均超过 60%，2020 年 4 月 20 日 WTI 原油价格以-37.6 美元/桶的价格收盘。主要产油国面临巨大挑战，价格战闪电停战，OPEC 及美国等非 OPEC 产油国达成减产协议。2020 年 5 月，随着各国陆续复工复产，国际油价开始缓慢回升。总体看，2020 年一季度价格急剧下降，二季度触底回升，进入三季度后相对企稳，年末明显上扬。2019—2020 年国际原油现货价格如图 3-18 所示。

(4) 行业发展。**乘用车销量年内触底反弹，行业总体承压**。受疫情期间停工停产、经济下行、国际供应链受阻等因素影响，2020 年我国乘用车销量同比下降 6.0%。从月度产销趋势来看，在疫情集中爆发的 2 月，全国乘

图 3-18　2019—2020 年国际原油现货价格

数据来源：万得资讯（WIND）

用车销量仅为 19.7 万辆，同比降幅高达 77.6%；继 6 月触底后，7 月强势反弹，销量突破 157.8 万辆，同比增长 15.7%，增速首次回正，此后连续 6 个月增速在两位数以上，市场回暖势头强劲。

新能源汽车销量逆势增长。2017 年以来由于补贴政策不断退坡，新能源汽车销量增速明显放缓，2019 年首次出现了负增长。2020 年在疫情和经济下行的双重阻力下，新能源汽车销量逆势大幅增长，同比增速为 10.9%，对燃油车的替代力进一步提升。

3.2.4　石油供需平衡情况

原油生产与消费缺口进一步扩大。2020 年原油消费量 6.9 亿 t，同比增长 3.3%，原油生产量 1.9 亿 t，同比增长 1.6%，原油生产与消费缺口进一步扩大。2011—2020 年我国原油生产/消费量及对外依存度如图 3-19 所示。

汽油供需双降。2020 年汽油生产量为 1.32 亿 t，同比下降 6.7%；消费量为 1.16 亿 t，同比下降 7.1%，产量降幅小于消费量。2011—2020 年我国汽油生产/消费量如图 3-20 所示。

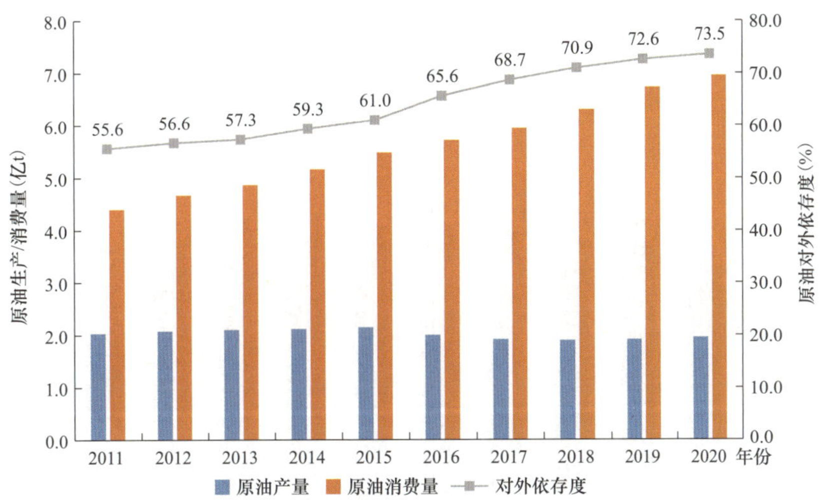

图 3-19　2011—2020 年我国原油生产/消费量及对外依存度

数据来源：国家统计局

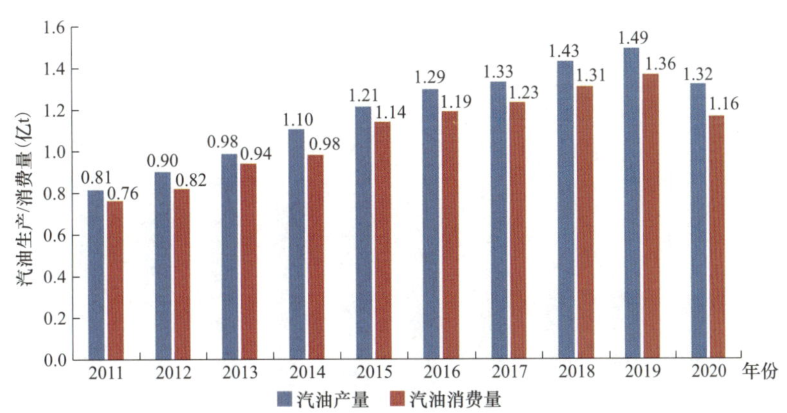

图 3-20　2011—2020 年我国汽油生产/消费量

数据来源：国家统计局

柴油供应整体宽松。2020 年柴油生产量为 1.59 亿 t，同比下降 4.5%，消费量为 1.40 亿 t，同比下降 3.9%。自 2011 年以来，我国柴油生产量与消费量经短暂的上升后基本保持平稳，2018 年以来出现一定程度的下降。2011—2020 年我国柴油生产/消费量如图 3-21 所示。

原油进口量持续攀升。2020 年我国原油消费需求进一步增加，原油进口量提升至 5.42 亿 t，同比增长 7.3%，增速同比回落 2.2 个百分点，原油对外依存度上升至73.5%，比上年提升0.9个百分点。2011—2020年我国原油进口量年均增长率为8.8%。2011—2020年我国原油净进口量及增速如图3-22所示。

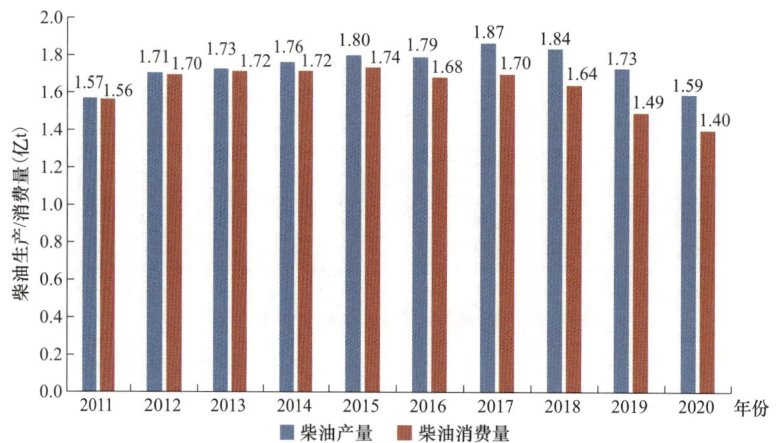

图3-21　2011—2020年我国柴油生产/消费量

数据来源：国家统计局

图3-22　2011—2020年我国原油净进口量及增速

数据来源：国家统计局

沙特阿拉伯依然为我国第一大原油供应国。2020年沙特阿拉伯继续保持我国第一大原油供应国地位，进口量8492万t，占我国进口总量的15.7%，比上年下降0.8个百分点；俄罗斯排名第二位，进口量8357万t，占比15.4%，与上年持平；伊拉克位列第三，进口量6012万t，占比11.1%；巴西超越安哥拉，排名第四，进口量4179万t，占比7.8%。2020

年我国原油进口来源如图 3-23 所示。

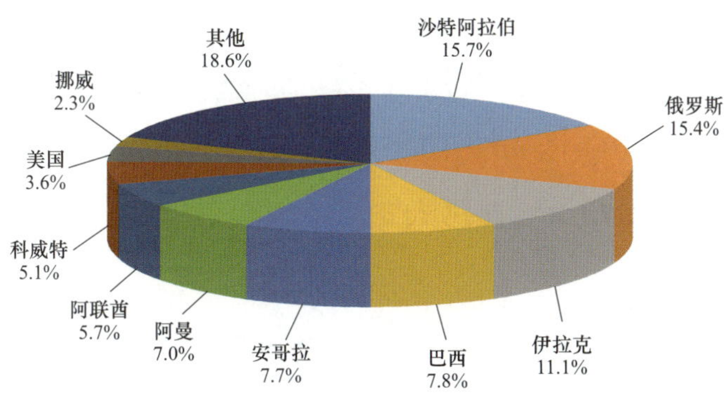

图 3-23　2020 年我国原油进口来源

数据来源：海关总署

3.3　天然气

3.3.1　天然气需求

天然气消费量保持较快增长。2020 年我国天然气消费量 3280 亿 m^3，占一次能源消费总量的 8.4%，同比增长 7.2%，增速同比回落 1.4 个百分点。2011—2020 年我国天然气消费量及增速如图 3-24 所示。

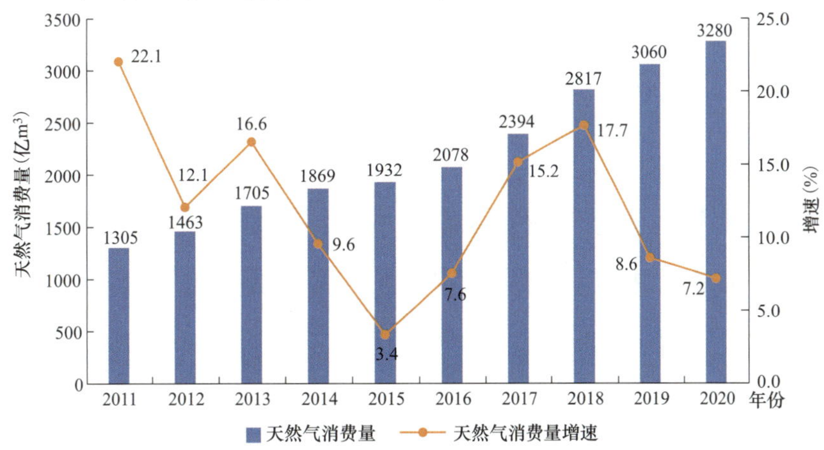

图 3-24　2011—2020 年我国天然气消费量及增速

数据来源：国家统计局

各领域用气均实现正增长。2020 年，城市燃气用气量 1004 亿 m^3，同比增长 5.1%，占天然气消费总量的 30.8%；工业用气 1290 亿 m^3，同比增长 9.3%，占比 39.5%；发电用气 571 亿 m^3，同比增长 7.7%，占比 17.5%；化工用气 400 亿 m^3，同比增长 4.5%，占比 12.2%。2020 年我国分部门天然气消费量及增速见表 3-7，2020 年我国天然气消费结构如图 3-25 所示。

表 3-7　　2020 年我国分部门天然气消费量及增速

用　　途	消费量（亿 m^3）	增速（%）
城市燃气	1004	5.1
工业用气	1290	9.3
发电	571	7.7
化工用气	400	4.5

数据来源：中国石油集团经济技术研究院《2020 年国内外油气行业发展报告》

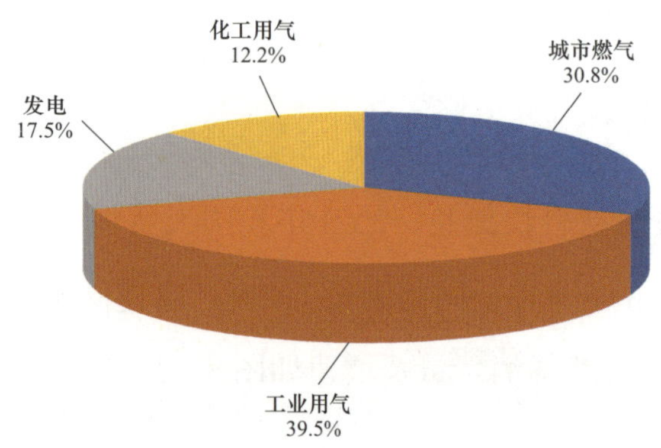

图 3-25　2020 年我国天然气消费结构

数据来源：中国石油集团经济技术研究院《2020 年国内外油气行业发展报告》

华东和华北地区天然气消费量高速增长，西北地区增长较慢。2019 年，江苏、北京、山东、浙江、河北等省份天然气消费量快速增长，增速均超过 10%。分地区看，华东地区消费量 888 亿 m^3，同比增长 14.0%；华北地区 602 亿 m^3，同比增长 11.9%；华中地区 223 亿 m^3，同比增长 9.7%；西南地区 380 亿 m^3，同比增长 6.0%；华南地区 275 亿 m^3，同比增长 6.3%；东北地区 147 亿 m^3，同比增长 5.9%；西北地区天然气消费增长较慢，消费量

349 亿 m³，同比增长 2.1%。2019 年我国分省份天然气消费量及占比（前十位）见表 3-8，2019 年我国分区域天然气消费占比如图 3-26 所示。

表 3-8　　2019 年我国分省份天然气消费量及占比（前十位）

排序	省（市）	消费量（亿 m³）	占比（%）
1	江苏	360	11.8
2	四川	228	7.5
3	北京	216	7.1
4	广东	212	7.0
5	山东	173	5.7
6	浙江	132	4.3
7	河北	130	4.3
8	河南	129	4.2
9	陕西	120	3.9
10	新疆	117	3.8

数据来源：国家统计局、《中国能源统计年鉴》及各省统计年鉴

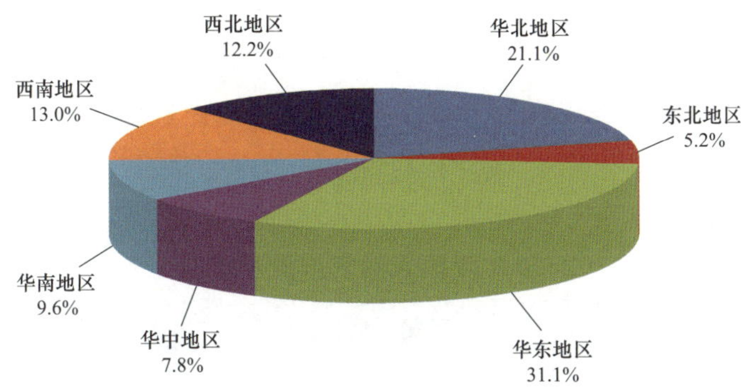

图 3-26　2019 年我国分区域天然气消费占比

数据来源：国家统计局、《中国能源统计年鉴》及各省统计年鉴

3.3.2 天然气供应

新增探明地质储量保持高峰水平。2020 年中国油气勘探行业“七年行动计划”持续推进，天然气探明新增地质储量 1.29 万亿 m³。其中，天然气、页岩气和煤层气新增探明地质储量分别达到 10 357 亿、1918 亿、673

亿 m³。页岩油气勘探实现多点开花，四川盆地深层页岩气勘探开发取得新突破，进一步夯实页岩气增储上产的资源基础。

天然气产量继续保持快速增长。2020 年全国天然气产量 1925 亿 m³，同比增长 9.8%。其中，页岩气产量 200 亿 m³，同比增长 32.6%；煤层气产量 67 亿 m³，同比增长 13.5%。2011—2020 年我国天然气产量及增速如图 3-27 所示，2020 年我国天然气产量及增速见表 3-9。

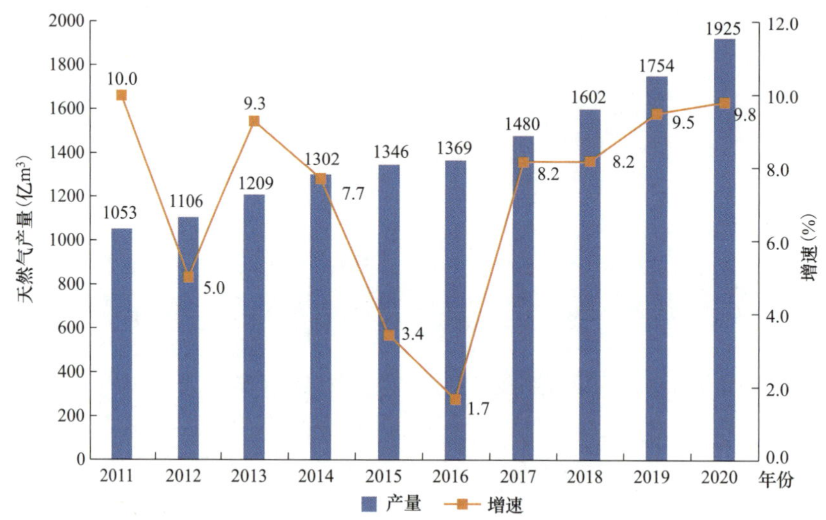

图 3-27　2011—2020 年我国天然气产量及增速

数据来源：国家统计局

表 3-9　　2020 年我国天然气产量及增速

类　别	产量（亿 m³）	增速（%）
天然气产量	1925	9.8
其中：页岩气产量	200	32.6
其中：煤层气产量	67	13.5

数据来源：国家统计局、国家发改委

天然气产区主要集中于西部地区。2019 年长庆油田、中国石油塔里木油田、中国石油西南油气田三大产区生产量占全国天然气总量的 55.3%。其中，长庆油田生产天然气 412 亿 m³，占总产量的 23.7%；中国石油塔里木油田生产天然气 280 亿 m³，占比 16.1%；中国石油西南油气田公司生产

天然气 269 亿 m^3，占比 15.5%。2019 年我国主要产气区天然气产量占比如图 3-28 所示。

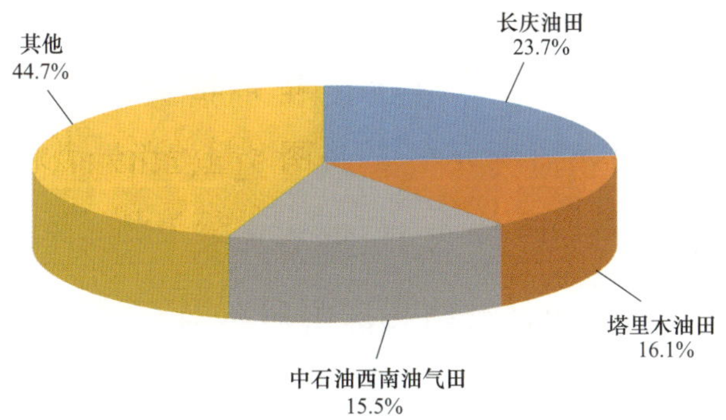

图 3-28　2019 年我国主要产气区天然气产量占比

数据来源：公开资料整理

3.3.3　天然气供需影响因素

(1) 天然气价格及交易。进口天然气月度价格先降后升。2020 年进口天然气均价 2280 元/t，同比下降 23.4%，年内呈现先降后升态势。其中，进口 LNG 均价 2414 元/t，同比下降 26.4%；进口管道气均价 2019 元/t，同比下降 18.4%。2020 年月度进口天然气价格如图 3-29 所示。

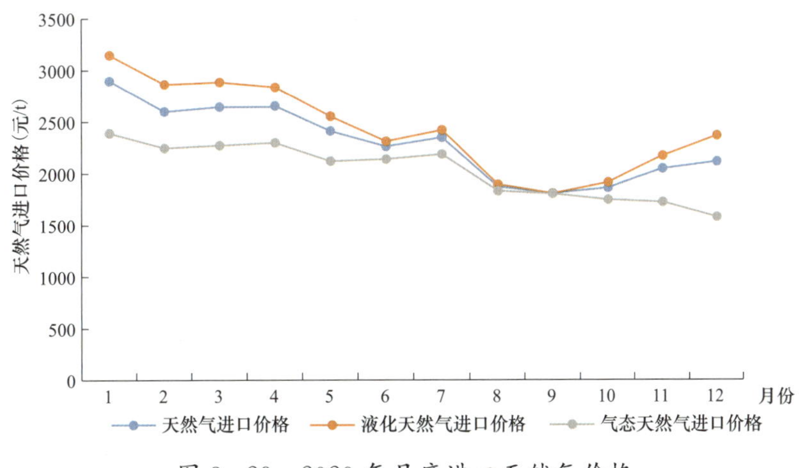

图 3-29　2020 年月度进口天然气价格

数据来源：海关总署

天然气交易机构及业务进一步发展。2020 年，上海和重庆石油天然气交易中心持续创新交易模式，深圳成立天然气交易中心，浙江成立浙江天然气交易平台，海南拟成立期货交易所开展天然气期货业务。

（2）基础设施建设[1]。**管道建设稳步推进，互联互通取得新进展**。2020 年底，我国建成天然气长输管道总里程近 8.3 万 km，新建成天然气管道约 4984km，较 2019 年增加 2765km。管网互联互通取得新进展，西气东输南通分输站与广汇启东 LNG 接收站、川气东送管道与港华燃气金坛储气库联通工程完工，西气东输福州联络线正式投产。

储气库建设基本完成“十三五”规划目标要求。2020 年底，我国累计建成 27 座地下储气库，有效工作气量达 143 亿 m^3，基本完成 148 亿 m^3 的“十三五”规划目标要求。中国石油在 2019—2030 年地下储气库建设规划部署安排会议明确至 2030 年，将扩容 10 座储气库（群），新建 23 座储气库。

LNG 接收能力稳步提升。2020 年底，我国 LNG 接收站总接卸能力达 8700 万 t/年；在建 LNG 接收站 10 座，一期接收能力共 3600 万 t/年；8 座 LNG 接收站开工扩建，投产后接收能力将增加 2090 万 t/年，预计到 2025 年我国 LNG 总接收能力将达到 1.8 亿 t/年。

（3）市场化体制改革。**天然气市场化改革继续深化**，2020 年 3 月，国家发改委发布新版《中央定价目录》，明确海上气、页岩气、煤层气、煤制气、液化天然气、直供用户用气、储气设施购销气、交易平台公开交易气，2015 年以后投产的进口管道天然气，以及具备竞争条件省份天然气的门站价格，由市场形成。2020 年 7 月，国家发改委出台《关于加强天然气输配价格监管的通知》，再次提出要严格开展定价成本监审，降低过高的省内管道运输价格、城镇燃气配气价格。

[1] 除特殊标注外，本节数据来源于《2020 年国内外油气行业发展报告》。

3.3.4 天然气供需平衡情况

天然气生产与消费缺口继续扩大。2020年天然气生产与消费缺口达1355亿m^3，同比扩大49亿m^3。2011年以来，天然气消费量快速增长，年均增长率10.8%；而天然气产量年均增长率仅为6.9%，比消费量年均增长率低3.9个百分点。2011—2020年我国天然气生产/消费情况如图3-30所示。

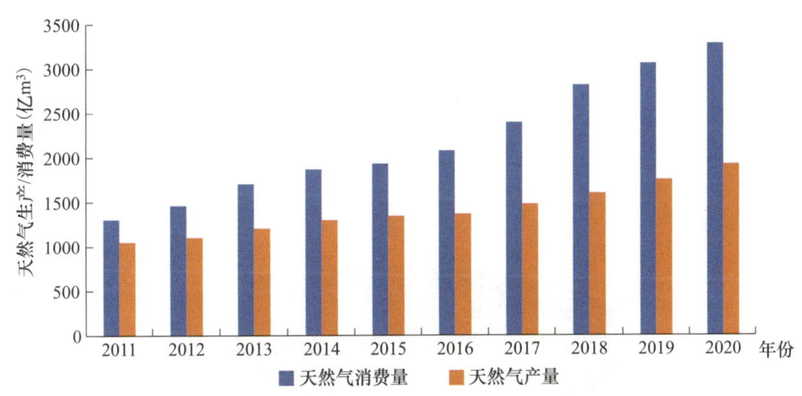

图3-30 2011—2020年我国天然气生产/消费情况

数据来源：国家统计局

天然气进口增速放缓。2020年天然气进口量10 166万t（约1403亿m^3），同比增长5.3%，增速同比回落1.6个百分点。2020我国天然气对外依存度略有下降，达42.2%，比上年降低1.0个百分点。澳大利亚、土库曼斯坦是主要的进口来源国，其中澳大利亚保持最大来源国地位，进口量达2906万t，占我国天然气进口总量的28.6%，比上年下降0.2个百分点；土库曼斯坦位列第二，进口量2071万t，占比20.4%，比上年下降4.5个百分点。2011—2020年我国天然气进口量及对外依存度如图3-31所示，2020年我国天然气主要进口国进口量占比如图3-32所示。

管道气进口量持续下降，LNG进口量保持快速增长。2020年，管道天然气进口量477亿m^3，同比下降8.9%。LNG进口量6713万t，同比增长11.5%。

图3-31　2011—2020年我国天然气进口量及对外依存度

数据来源：海关总署

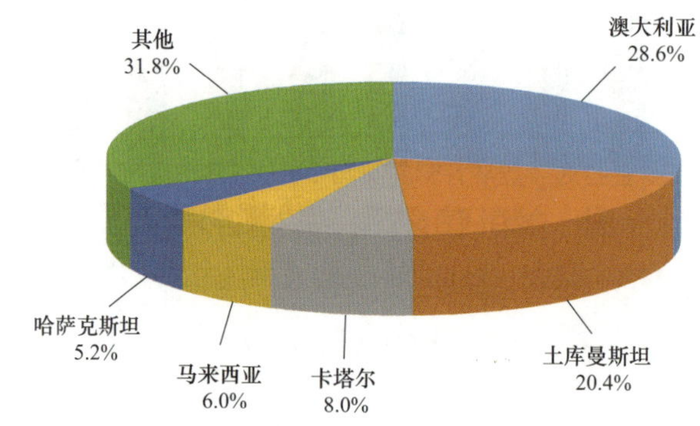

图3-32　2020年我国天然气主要进口国进口量占比

数据来源：海关总署

3.4 电力

3.4.1 电力需求

全社会用电量持续增长，整体增速波动下行。2020年，我国全社会用电量7.5万亿kWh，同比增长3.1%，增速同比回落1.4个百分点。2011—2020年我国全社会用电量及增速如图3-33所示。

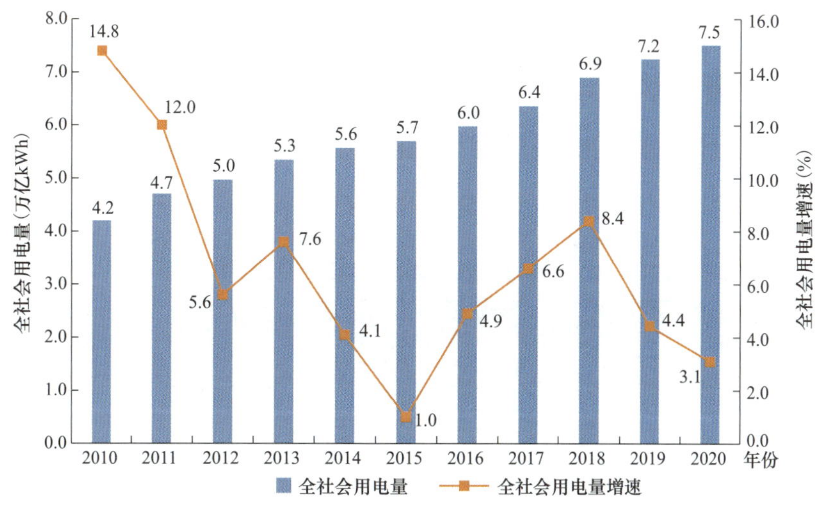

图 3-33　2011—2020 年我国全社会用电量及增速

数据来源：中国电力企业联合会

第一产业和居民用电快速增长，第二、三产业用电增速不同程度放缓。2020 年，第一产业用电量快速增长，全年用电量 859 亿 kWh，同比增长 10.2%，增速同比提升 5.8 个百分点；受新冠肺炎疫情影响第二产业用电增速放缓，全年用电量 5.1 万亿 kWh，同比增长 2.5%，增速同比回落 0.6 个百分点；第三产业受新冠肺炎疫情影响最大，用电增速大幅放缓，全年用电量 1.2 万亿 kWh，同比增长 1.9%，增速同比回落 7.5 个百分点；居民生活用电量保持稳定快速增长，全年用电量 1.1 万亿 kWh，同比增长 6.9%，增速同比提升 1.2 个百分点。

第二、三产业用电占比小幅下降，居民生活用电占比提升。2020 年，第一产业用电占全社会用电量的 1.1%，与上年基本持平；第二产业用电占比 68.2%，比上年下降 0.2 个百分点；第三产业用电占比 16.1%，比上年下降 0.3 个百分点，为近 10 年来首次下降；居民生活用电占比 14.6%，比上年提高 0.5 个百分点。

除华东、西南地区外，其他地区用电增速不同程度放缓。2020 年，华东、西南地区全社会用电量分别为 26 258 亿、7746 亿 kWh，同比分别增长 5.0%、7.2%，增速同比分别提升 1.7、1.1 个百分点；华南、华中、华北、东北、西北地区用电量分别为9313亿、7465亿、12 191亿、4242亿、7895亿kWh，同比分别增长4.0%、0.3%、3.2%、1.5%、3.4%，增速同比分别回落3.3、2.6、2.5、2.2、0.2个百分点。2020年我国各地区用电量及增速见表3-10。

表3-10　　2020年我国各地区用电量及增速

排名	地区	用电量（亿kWh）	增速（%）
1	东北地区	4242	1.5
2	华北地区	12 191	3.2
3	华东地区	26 258	5.0
4	华中地区	7465	0.3
5	华南地区	9313	4.0
6	西南地区	7746	7.2
7	西北地区	7895	3.4

数据来源：中国电力企业联合会

3.4.2　电力供应

（1）电力供给总体情况。全国发电装机容量快速增长，可再生能源装机占比持续提升。2020年底，全国发电装机22.0亿kW，同比增长9.5%，增速同比提升3.7个百分点。其中，火电装机12.5亿kW，同比增长4.7%，占装机总量的56.6%，占比较上年下降2.6个百分点；核电装机4989万kW，同比增长2.4%，占装机总量的2.3%；水电、风电、太阳能发电等可再生能源发电装机9.1亿kW，同比增长17.3%，占装机总量的41.1%，占比较上年提升2.8个百分点。2011—2020年我国发电装机总量及增速如图3-34所示，2011—2020年我国发电装机结构如图3-35所示。

新增发电装机容量大幅增长，可再生能源贡献最大。2020年新增发电装机18 992万kW，同比大幅增长72.3%。其中，火电新增装机5590万kW，同比增长21.8%，占新增发电装机总量的29.3%，占比较上年下降12.1个百分点；核电新增装机115万kW，同比下降71.7%，占比0.6%，

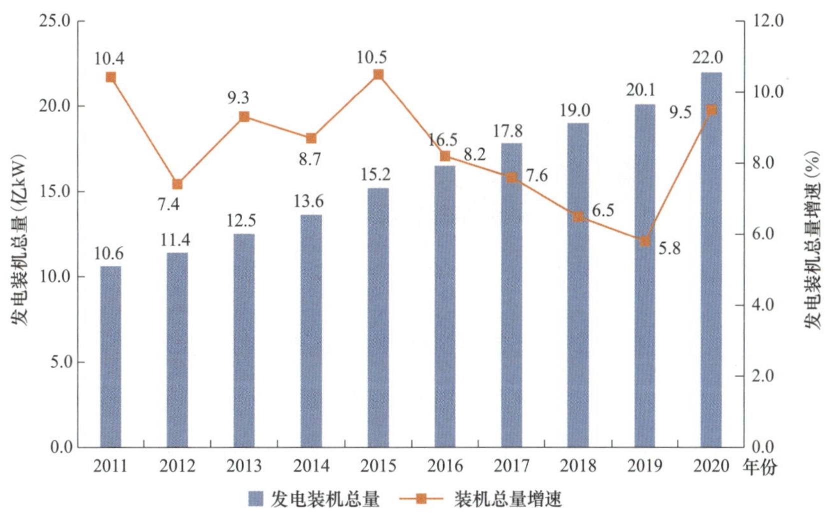

图 3-34　2011—2020 年我国发电装机总量及增速

数据来源：中国电力企业联合会

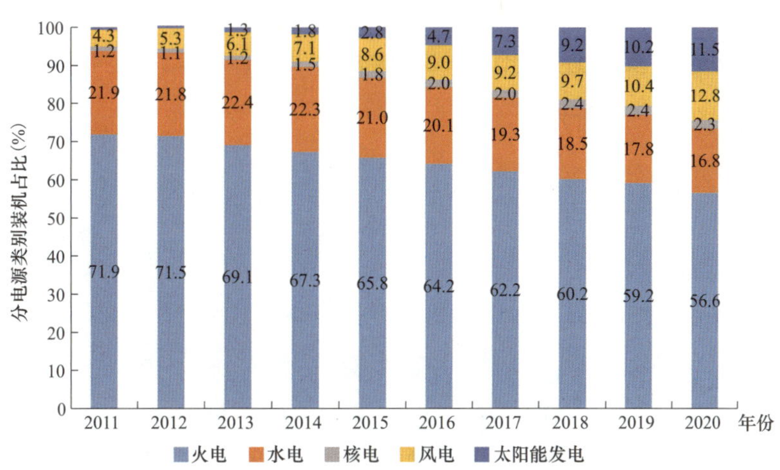

图 3-35　2011—2020 年我国发电装机结构

数据来源：中国电力企业联合会

比上年下降 3.1 个百分点；可再生能源新增装机 13 375 万 kW，同比大幅增长 122.0%，占比 70.4%，比上年提升 15.8 个百分点，是拉动发电装机容量快速增长的主力。2020 年我国新增发电装机结构如图 3-36 所示。

发电量保持平稳增长，可再生能源发电占比进一步提升。2020 年，全

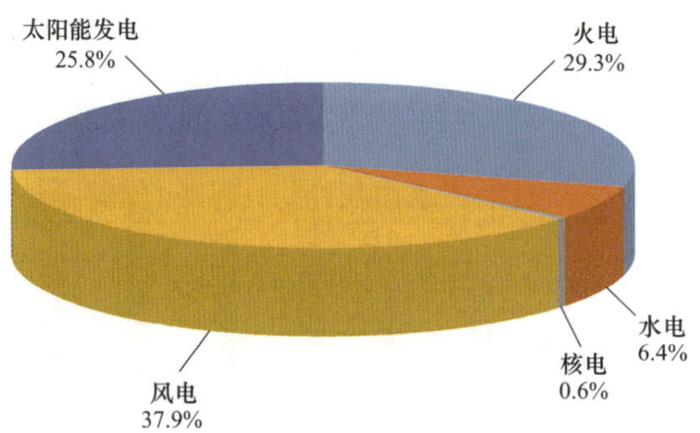

图 3-36　2020 年我国新增发电装机结构

数据来源：中国电力企业联合会

国发电量 76 236 亿 kWh，同比增长 4.0%，增速同比回落 0.7 个百分点。分类型看，火电发电量 51 743 亿 kWh，同比增长 2.5%，占全国发电量的 67.9%，占比较上年下降 1.0 个百分点；核电发电量 3662 亿 kWh，同比增长 5.0%，占比 4.8%，与上年持平；可再生能源总发电量 20 828 万亿 kWh，同比增长 7.8%，占比 27.3%，比上年提升 0.9 个百分点。2011—2020 年我国发电量及增速如图 3-37 所示，2011—2020 年我国发电量（全口径）结构如图 3-38 所示。

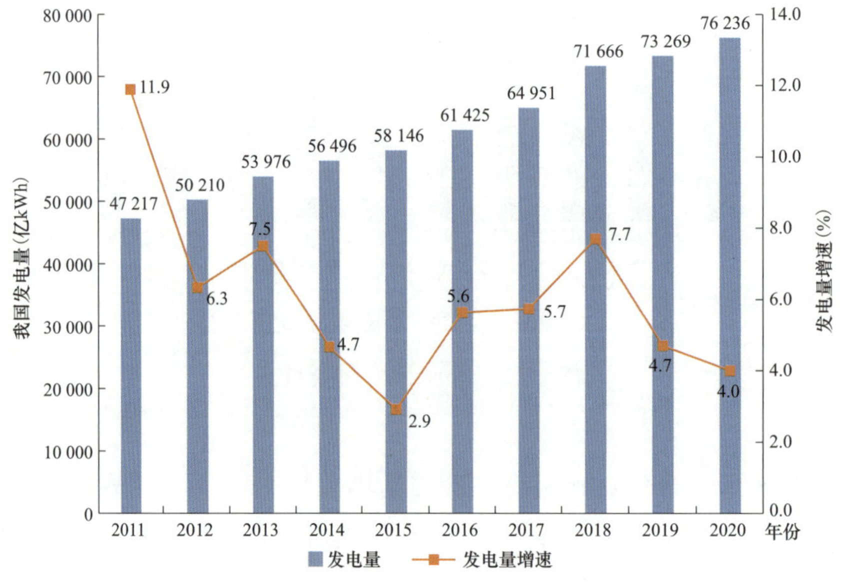

图 3-37　2011—2020 年我国发电量及增速

数据来源：中国电力企业联合会

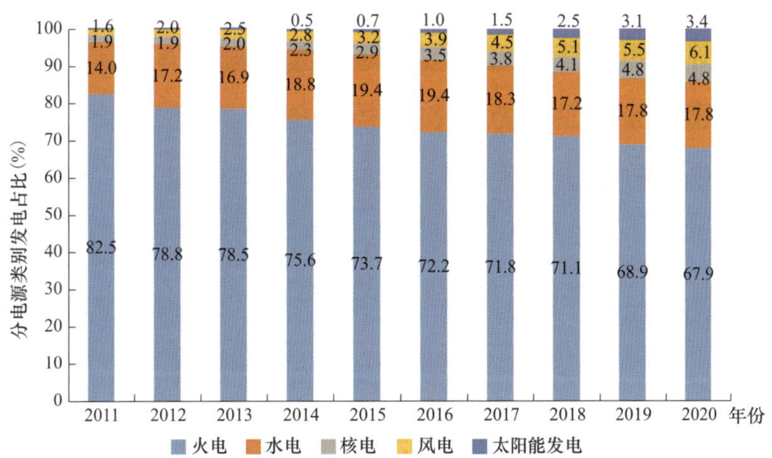

图 3-38　2011—2020 年我国发电量（全口径）结构

数据来源：中国电力企业联合会

发电设备整体和火电平均利用小时数小幅下降。全国 6000kW 及以上电厂发电设备平均利用小时数 3758h，同比减少 70h。其中，火电设备平均利用小时数 4216h，同比减少 92h；水电 3827h，同比增加 130h；核电 7453h，同比增加 59h；风电 2073h，同比减少 10h；太阳能发电 1281h，同比减少 10h。2011—2020 年我国 6000kW 及以上电厂发电设备及火电设备平均利用小时数如图 3-39 所示。

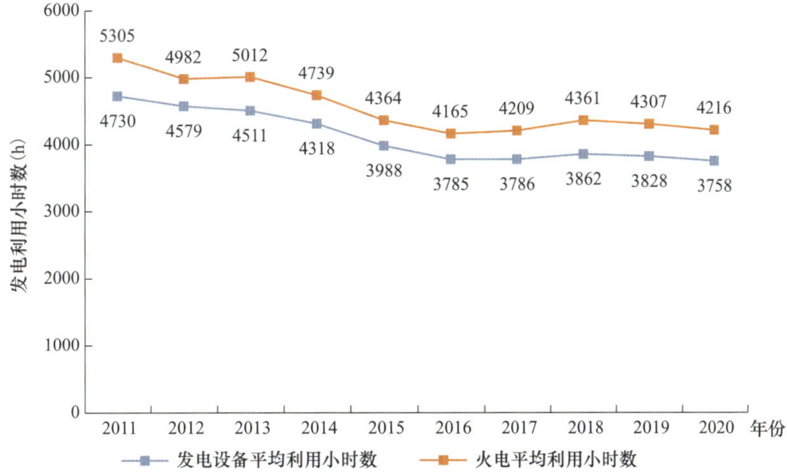

图 3-39　2011—2020 年我国 6000kW 及以上电厂发电设备及火电设备平均利用小时数

数据来源：中国电力企业联合会

电源工程建设投资大幅增长，电网工程建设投资持续回落。2020年，全国电力工程建设投资完成9944亿元，同比增长9.6%。电源工程建设投资完成5244亿元，同比大幅增长29.2%，是拉动电力工程建设投资的主要力量，其中水电工程建设投资同比增长19.0%，火电、核电工程建设投资同比分别下降27.3%、22.6%。电网工程建设投资完成4699亿元，同比下降6.2%，延续上年回落态势，其中新增220kV及以上输电线路回路长度和变电设备容量同比分别下降2.5%、6.4%，新增直流换流容量同比大幅增长136.4%。

（2）可再生能源供给。**水电装机容量增速回弹，发电量增速放缓**。2020年水电新增装机1212万kW，累计装机3.7亿kW，同比增长3.4%，增速同比提升2.3个百分点；发电量1.4万亿kWh，同比增长4.1%，增速同比回落1.8个百分点。2011—2020年我国水电装机容量及增速如图3-40所示，2011—2020年我国水电发电量及增速如图3-41所示。

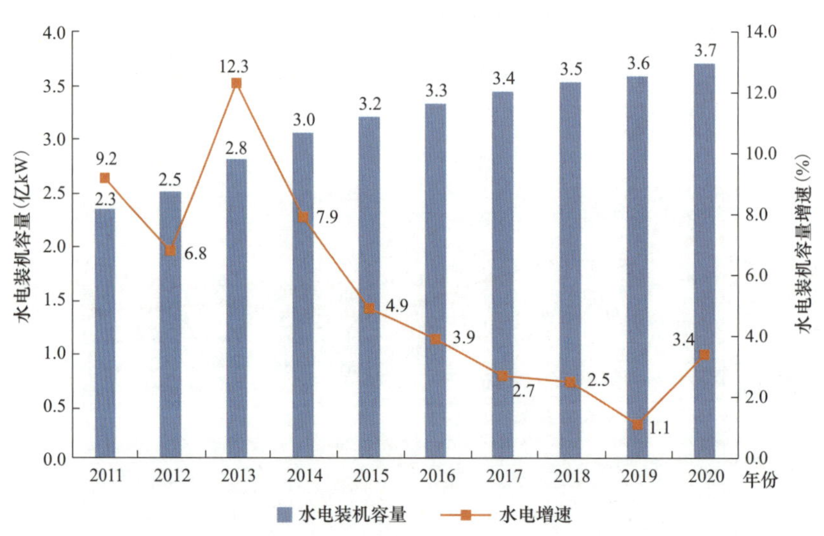

图3-40　2011—2020年我国水电装机容量及增速

数据来源：中国电力企业联合会

风电装机和发电量均保持快速增长。2020年，风电新增并网装机7238

万 kW，累计并网装机 2.8 亿 kW，同比增长 34.6%，增速同比提升 20.6 个百分点。2020 年风电发电量 4665 亿 kWh，同比增长 15.1%，增速同比提升 4.3 个百分点。2011—2020 年我国风电装机容量及增速如图 3-42 所示，2011—2020 年我国风电发电量及增速如图 3-43 所示。

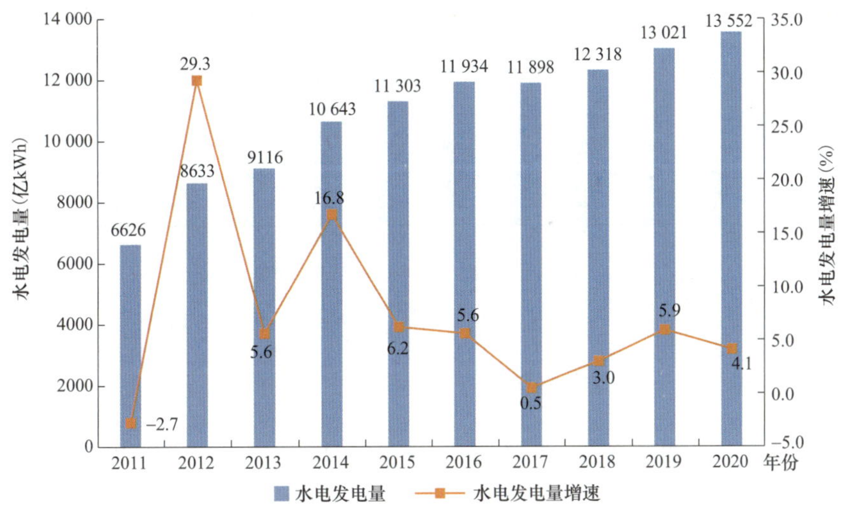

图 3-41　2011—2020 年我国水电发电量及增速

数据来源：中国电力企业联合会

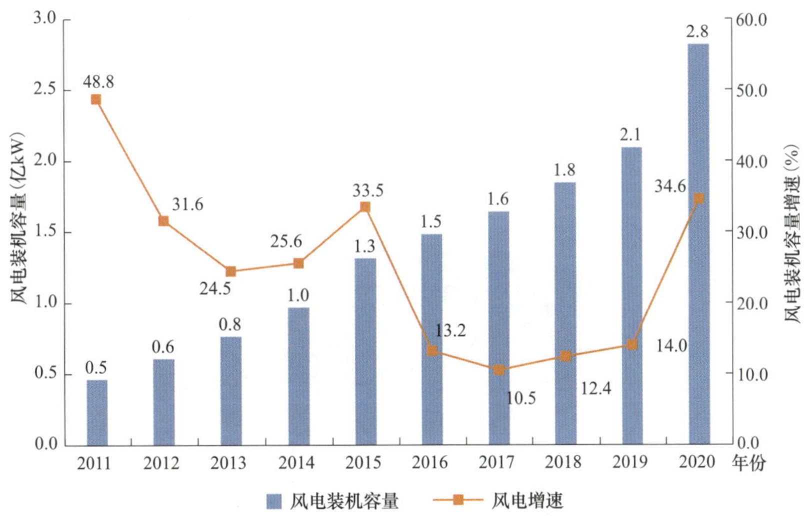

图 3-42　2011—2020 年我国风电装机容量及增速

数据来源：中国电力企业联合会

图 3-43　2011—2020 年我国风电发电量及增速

数据来源：中国电力企业联合会

七大区域新增风电装机容量增长均超 1 倍。2020 年华北地区新增风电装机容量最大，达 2161 万 kW，同比大幅增长 358.9%；其次是西北地区 1482 万 kW，同比增长 1166.8%；华东地区 1446 万 kW，位列第三，同比增长 253.3%；华中地区 1063 万 kW，居第四位，同比增长 226.2%。华南、西南和东北地区新增装机较少，合计 994 万 kW，同比增长 216.3%。2020 年我国分区域新增风电装机占比如图 3-44 所示。

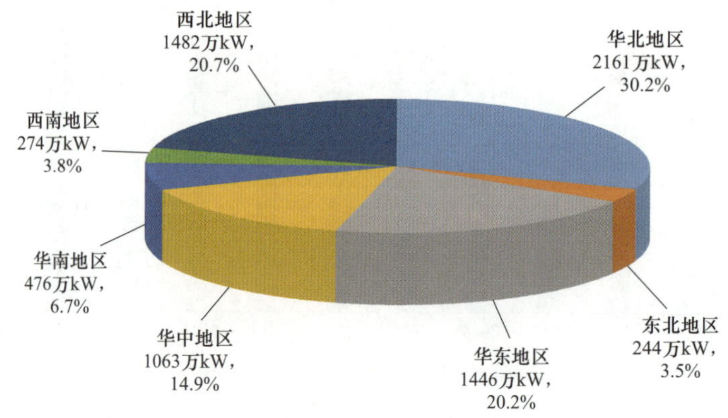

图 3-44　2020 年我国分区域新增风电装机占比

数据来源：中国电力企业联合会

弃风限电状况持续好转，达到《清洁能源消纳行动计划（2018－2020 年）》目标。2020 年我国弃风限电状况持续好转，弃风电量 166.1 亿 kWh，弃风率 3.5%，同比下降 0.5 个百分点，完成《清洁能源消纳行动计划（2018—2020 年）》中弃风率控制在 5%左右目标。弃风率排名前三位的地区是新疆（弃风率 10.3%，比上年下降 3.7 个百分点），内蒙古（弃风率 7.0%，比上年下降 1.9 个百分点）、甘肃（弃风率 6.4%，比上年下降 1.3 个百分点）、湖南（弃风率 5.5%，比上年提高 3.7 个百分点）。2015—2020 年我国弃风电量和弃风率如图 3-45 所示。

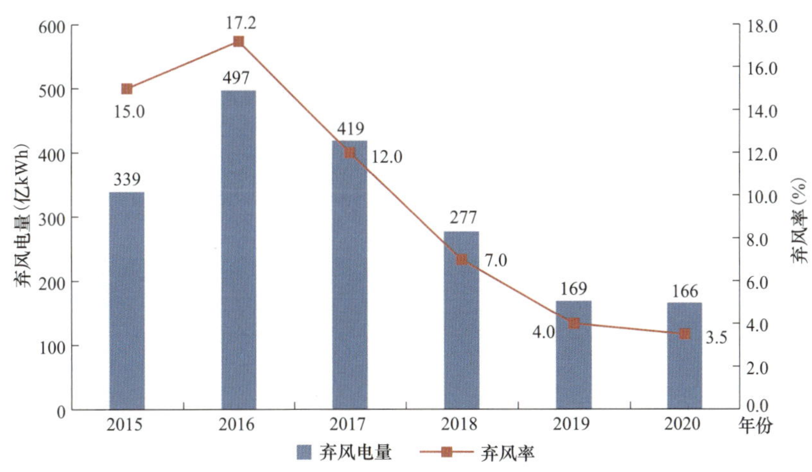

图 3-45　2015—2020 年我国弃风电量和弃风率

数据来源：国家能源局、全国新能源消纳监测预警中心

太阳能发电装机保持快速增长，发电量增速放缓。2020 年，太阳能发电新增装机 4925 万 kW，累计装机总量达 2.5 亿 kW，同比增长 24.1%，增速同比提升 6.7 个百分点。并网太阳能发电量 2611 亿 kWh，同比增长 16.6%，增速同比回落 9.7 个百分点。2011—2020 年我国太阳能发电装机及增速如图 3-46 所示，2011—2020 年我国太阳能发电量及增速如图 3-47 所示。

七大区域新增太阳能发电装机容量大幅增加。2020 年华东地区新增太阳能发电装机容量蝉联全国第一位，达 1352 万 kW，同比增长 153.3%；其

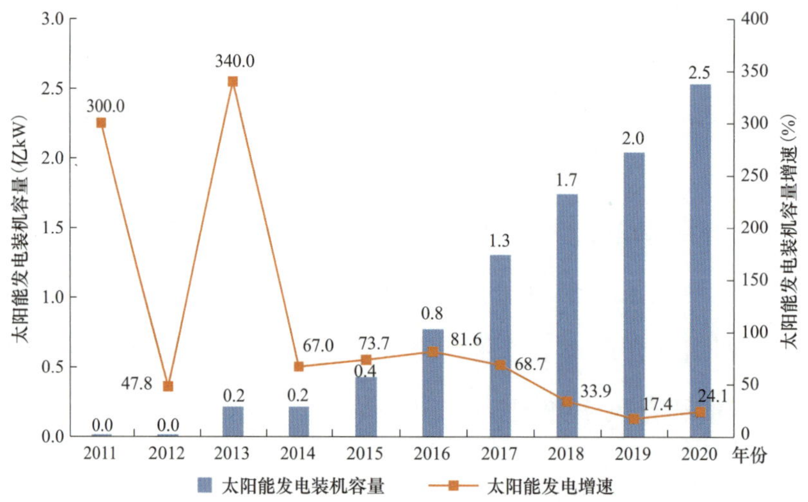

图 3-46　2011—2020 年我国太阳能发电装机及增速

数据来源：中国电力企业联合会

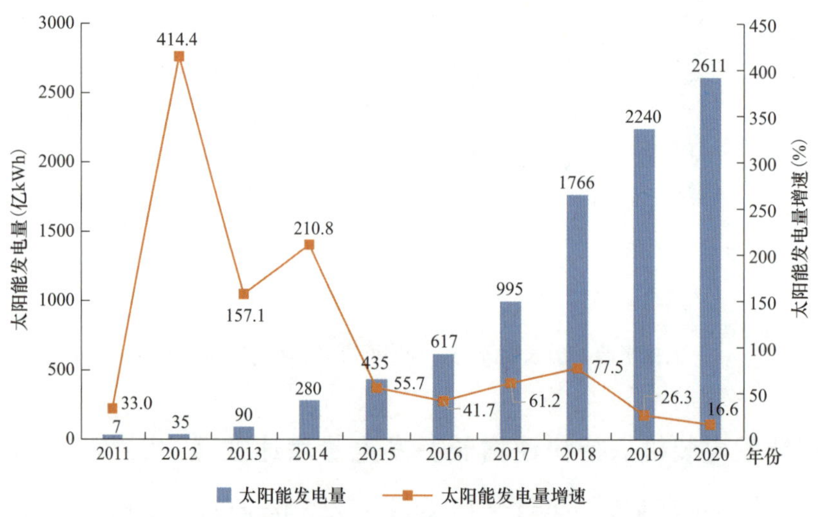

图 3-47　2011—2020 年我国太阳能发电量及增速

数据来源：中国电力企业联合会

次是西北地区新增装机 1152 万 kW，同比增长 180.9%；华北地区新增装机 1124 万 kW，位列第三，同比增长 174.8%。东北、华中、华南、西南地区新增光伏装机容量同比分别增长 150.3%、107.9%、244.4%、144.0%。2020 年我国分区域太阳能发电新增装机占比如图 3-48 所示。

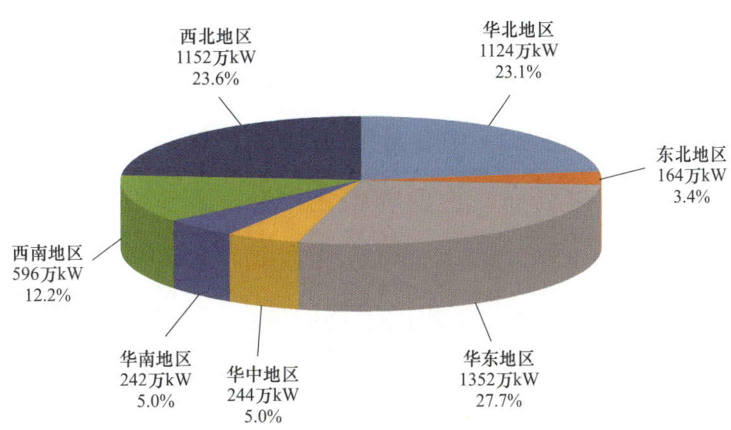

图 3-48　2020 年我国分区域太阳能发电新增装机占比

数据来源：中国电力企业联合会

弃光率与上年基本持平，达到《清洁能源消纳行动计划（2018—2020 年）》目标。2020 年全国弃光电量 52.6 亿 kWh，弃光率降至 2.0%，与上年同期基本持平。从区域看，光伏消纳问题较为突出的西北地区弃光率降至 4.8%，比上年降低 1.1 个百分点。从省份看，弃光率超过 5%的省份有西藏（25.4%，比上年提高 1.3 个百分点）、青海（8.0%，比上年提高 0.8 个百分点）。2015—2020 我国年弃光电量及弃光率如图 3-49 所示。

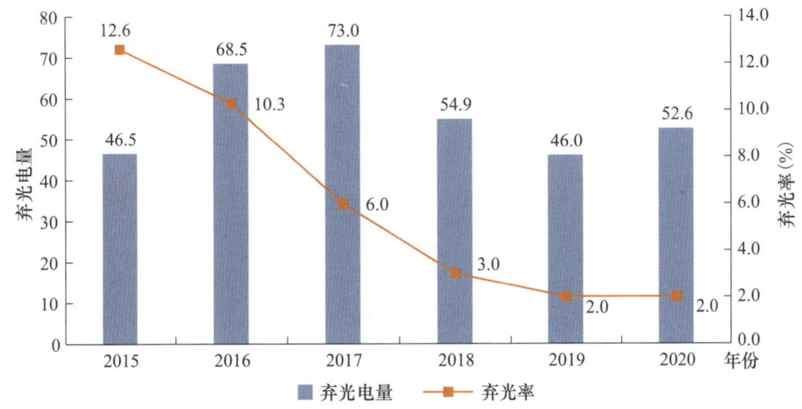

图 3-49　2015—2020 年我国年弃光电量及弃光率

数据来源：国家能源局、全国新能源消纳监测预警中心

生物质发电保持稳步增长。2020 年生物质发电新增装机 543 万 kW，累计装机 2952 万 kW，同比增长 22.6%，增速同比回落 4.0 个百分点；发电

量1326亿kWh，同比增长19.5%，增速同比回落0.9个百分点。2020年装机容量和发电量排名前三位的省份均为山东、广东、江苏，装机容量分别为366万、282万、242万kW，发电量分别为159亿、166亿、126亿kWh。2020年新增装机容量排名前三位的省份是山东、河南、浙江，分别为67.7万、64.6万、41.7万kW。2011—2020年我国生物质发电装机容量及增速如图3-50所示，2011—2020年我国生物质发电量及增速如图3-51所示。

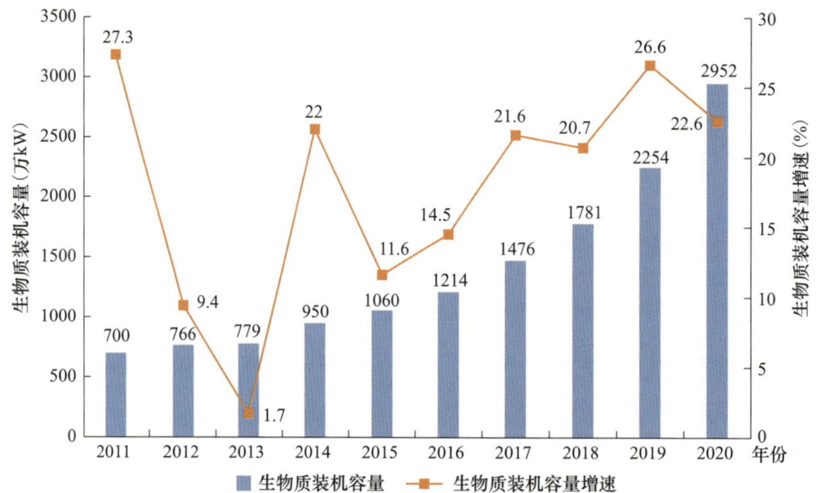

图3-50　2011—2020年我国生物质发电装机容量及增速

数据来源：国家统计局、国家能源局

图3-51　2011—2020年我国生物质发电量及增速

数据来源：国家统计局、国家能源局

3.4.3 电力供需影响因素

（1）新冠肺炎疫情及以后疫情均对电力需求造成较大影响。新冠肺炎疫情对我国 2020 年一季度电力消费产生巨大冲击，用电量同比下降 6.5%，增速同比下降 12.0 个百分点。随着国内疫情得到有效控制、国外疫情严重倒逼制造业回流中国，用电需求增速逐季回升，第二、第三、第四季度用电量同比增速分别为 3.9%、5.8%、8.1%。疫情对第三产业用电需求影响最大，第三产业全年用电量增速仅为 1.9%，对居民生活用电量有正向拉动作用。

（2）经济结构持续优化。2020 年我国 GDP 同比增长 2.3%，分产业看，第一产业同比增长 3.0%，第二产业同比增长 2.6%，第三产业同比增长 2.1%。经济结构持续优化趋势，第一产业、第二产业、第三产业占 GDP 的比重分别为 7.7%、37.8%、54.5%，比上年分别增长 0.5、-0.8、0.3 个百分点。受此影响，第一产业、第二产业、第三产业用电占比分别调整为 1.1%、68.2%、16.1%，电力弹性系数较上年 0.75 提升至 1.35，短期出现波动。

（3）电能替代持续推进，电能占终端能源消费比重进一步提升。2016 年，国家发改委、国家能源局联合八部委出台《关于推进电能替代的指导意见》，明确到 2020 年电能占终端能源消费的比重达到 27%，2020 年 6 月国家能源局印发《2020 年能源工作指导意见》，进一步重申此要求。2018、2019、2020 年全国电能替代量分别达 1577 亿、2066 亿、2252 亿 kWh，超额完成“十三五”电能替代 4500 亿 kWh 的目标；电能占终端能源消费比重从 2015 年的 22.1%提高到 2019 年的 25.1%[1]。

3.4.4 电力供需平衡情况

电力供需总体平衡，局部地区用电高峰时段电力供应偏紧。2020 年我

[1] 数据来源：根据《中国能源统计年鉴》估算。

国发电量 7.6 万亿 kWh，全社会用电量 7.5 万亿 kWh，电力供需形势总体平衡。分区域看，东北、华北、华中地区发电能力与用电需求持平；华东、华南地区本地发电能力远低于用电需求；西南、西北地区电力供应能力富余。分省看，迎峰度夏期间，湖南、四川等少数电网用电高峰时段采取了有序用电措施；迎峰度冬期间，湖南、江西以及内蒙古西部电网等少数电网用电高峰时段电力供应紧张，采取了有序用电措施。2011—2020 年我国发/用电量如图 3 - 52 所示，2020 年我国分地区发/用电量如图 3 - 53 所示。

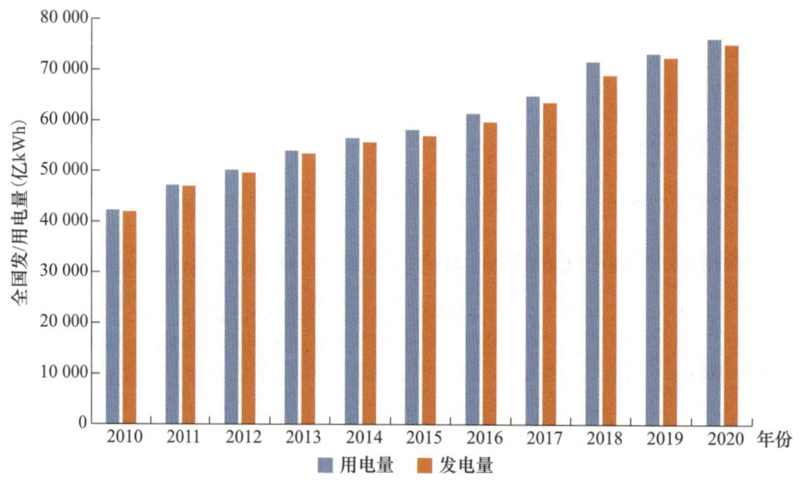

图 3 - 52　2011—2020 年我国发/用电量

数据来源：中国电力企业联合会

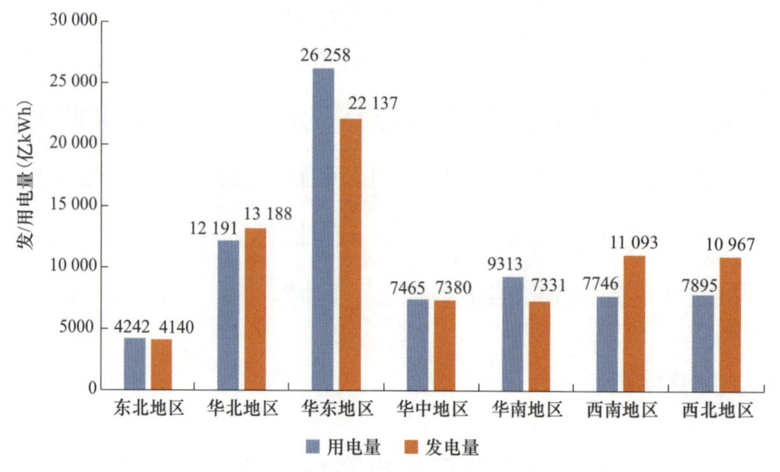

图 3 - 53　2020 年我国分地区发/用电量

数据来源：中国电力企业联合会

第 4 章

南方五省区宏观经济形势及能源供需概况

4.1 南方五省区宏观经济形势

南方五省区[1]经济增速受疫情影响放缓。2020年，南方五省区GDP总量（现价）18.1万亿元，同比增长2.9%，增速同比回落3.7个百分点，高于全国0.6个百分点。广东、广西、云南、贵州和海南GDP同比分别增长2.3%、3.7%、4.0%、4.5%和3.5%，增速同比分别回落3.9、2.3、4.1、3.8、2.3个百分点，其中广西、云南、贵州、海南四省增速高于全国平均水平。2011—2020年，南方五省区GDP年均增长率7.5%，占全国比重由17.6%提升至17.8%。2011—2020年南方五省区GDP总量（现价）及增速见表4-1。

表4-1　2011—2020年南方五省区GDP总量（现价）及增速

单位：亿元，%

年份		2011	2012	2013	2014	2015	2016	2017	2018	2019	2020
广东	GDP总量	53 210	57 068	62 475	67 810	72 813	80 855	89 705	99 945	107 671	110 761
	增速	10.0	8.2	8.5	7.8	8.0	7.5	7.5	6.8	6.2	2.3
广西	GDP总量	11 721	13 035	14 450	15 673	16 803	18 318	18 523	19 628	21 237	22 157
	增速	12.3	11.3	10.2	8.5	8.1	7.3	7.1	6.8	6.0	3.7
云南	GDP总量	8893	10 309	11 832	12 815	13 619	14 788	16 376	20 881	23 224	24 522
	增速	13.7	13.0	12.1	8.1	8.7	8.7	9.5	8.9	8.1	4.0
贵州	GDP总量	5702	6852	8087	9266	10 503	11 777	13 541	15 353	16 769	17 827
	增速	15.0	13.6	12.5	10.8	10.7	10.5	10.2	9.1	8.3	4.5
海南	GDP总量	2523	2856	3178	3501	3703	4053	4463	4911	5309	5532
	增速	12.0	9.1	9.9	8.5	7.8	7.5	7.0	5.8	5.8	3.5
五省区合计	GDP总量	82 049	90 120	100 021	109 064	117 440	129 791	142 608	160 718	174 210	180 799
	增速	11.1	9.5	9.5	8.2	8.3	7.8	7.9	7.2	6.6	2.9

数据来源：各省统计局

[1] 本报告中南方五省区指南方电网供电区域，即广东、广西、云南、贵州、海南五省区。

广东 GDP 占南方五省区经济总量比重持续下降。2020 年，广东 GDP 占南方五省区 GDP 总量的 61.3%，比上年下降 0.5 个百分点；云南、贵州占比 13.6%、9.9%，均比上年提高 0.3 个百分点；贵州、海南占比与上年基本持平，分别为 12.3%、3.1%。2011 年以来，广东 GDP 占南方五省区经济总量比重持续下降；广西占比总体呈下降趋势，近三年基本平稳；云南、贵州占比总体呈上升趋势，海南占比基本平稳。2011—2020 年南方五省区 GDP 占比如图 4-1 所示。

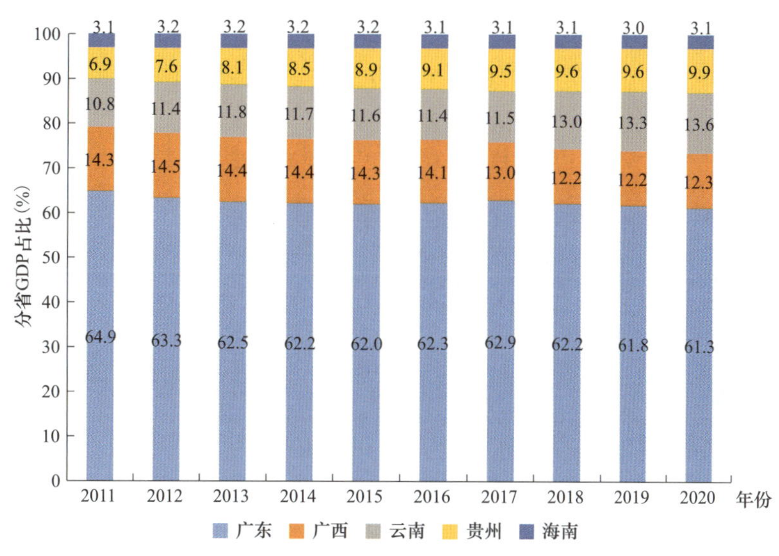

图 4-1　2011—2020 年南方五省区 GDP 占比

数据来源：各省统计局

南方五省区产业结构持续优化，广东、海南第三产业占比高于全国水平。2020 年，广东、广西、云南、贵州、海南第二产业占各省 GDP 比重分别为 39.2%、32.1%、33.8%、34.8%、19.1%，比上年分别下降 1.2、1.2、0.5、1.3、1.6 个百分点，其中广东第二产业占比高于全国 1.4 个百分点；广东、广西、云南、贵州、海南第三产业占比分别为 56.5%、51.9%、51.5%、50.9%、60.4%，比上年分别提升 0.9、1.1、-1.1、0.6、1.4 个百分点，其中广东、海南高于全国水平 2.0、5.9 个百分点。2020 年南方五省区经济结构如图 4-2 所示。

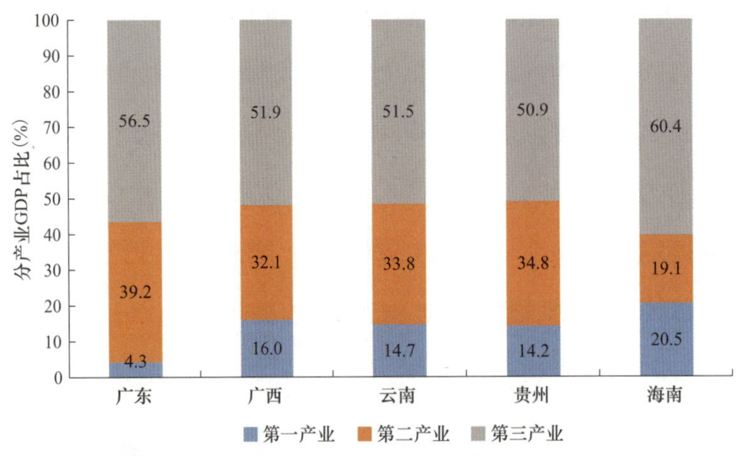

图 4-2　2020 年南方五省区经济结构

数据来源：各省统计局

广东、贵州、海南人均 GDP 近十年来首次回落，广东持续领跑全国。2020 年，广东、广西、云南、贵州、海南人均 GDP 分别为 88 210 元、44 309 元、51 975 元、46 267 元、55 131 元，其中广东、贵州、海南同比分别下降 5962 元、166 元、1376 元，广西、云南同比分别增长 1345 元、4031 元。广东高于全国平均水平 16 210 元，广西、云南、贵州、海南分别比全国平均水平低 27 691 元、20 025 元、25 733 元、16 869 元。2011—2020 年南方五省区及全国人均 GDP 如图 4-3 所示。

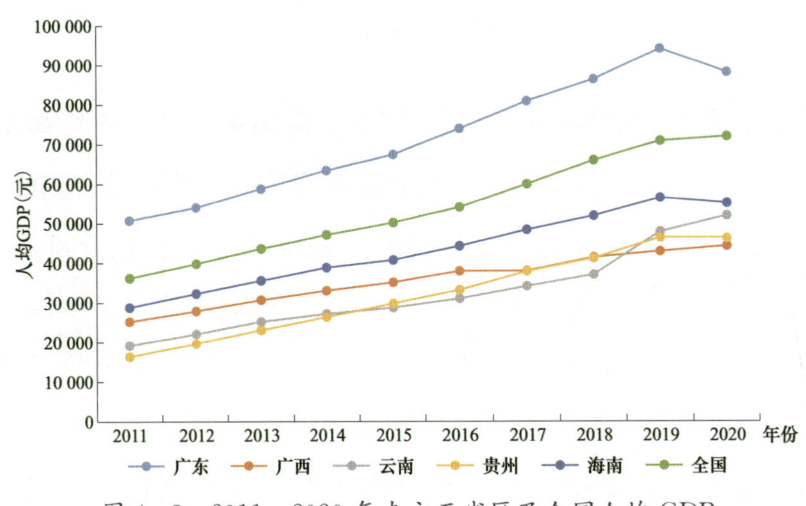

图 4-3　2011—2020 年南方五省区及全国人均 GDP

4.2　南方五省区能源供需[1]

4.2.1　南方五省区能源需求

南方五省区能源消费总量稳步提升，占全国比重略有下降。2019 年，南方五省区能源消费总量 7.0 亿 t 标准煤，同比增长 3.4%，增速同比提升 1.2 个百分点，高于全国能源消费增速 0.1 个百分点，占全国能源消费的 14.5%，比上年下降 0.1 个百分点。2011—2019 年，南方五省区能源消费年平均增长率 3.2%，2017 年以来占全国比重呈下降趋势。2011—2019 年南方五省区能源消费总量、增速及占全国比重如图 4-4 所示。

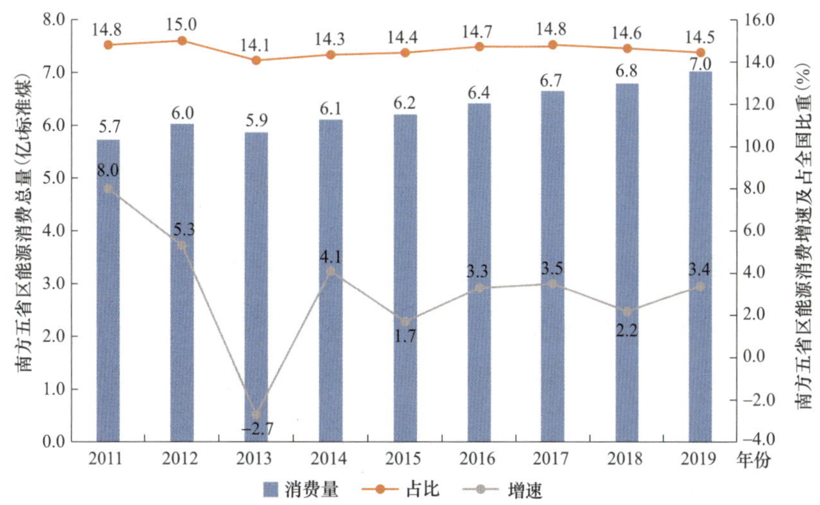

图 4-4　2011—2019 年南方五省区能源消费总量、增速及占全国比重

数据来源：各省统计局、发改委

南方五省区非化石能源消费占比持续提升，高于全国水平。2019 年，南方五省区煤炭消费占能源消费总量的 47.0%，比上年下降 1.6 个百分点，

[1] 南方五省区能源总体情况数据及煤炭、石油、天然气生产消费数据来源于《中国能源统计年鉴》及南方五省区各省统计年鉴，目前官方数据只更新到 2019 年，因此 4.2 和 4.5 节中着重对 2011—2019 年南方五省区能源数据进行统计分析。

低于全国10.7个百分点；石油消费占比22.0%，比上年下降0.6个百分点，高于全国3.0个百分点；天然气消费占比5.8%，比上年提升0.3个百分点，低于全国2.2个百分点；非化石能源消费占比25.0%，比上年提升1.8个百分点，高于全国9.7个百分点。2011—2019年南方五省区能源消费结构如图4-5所示。

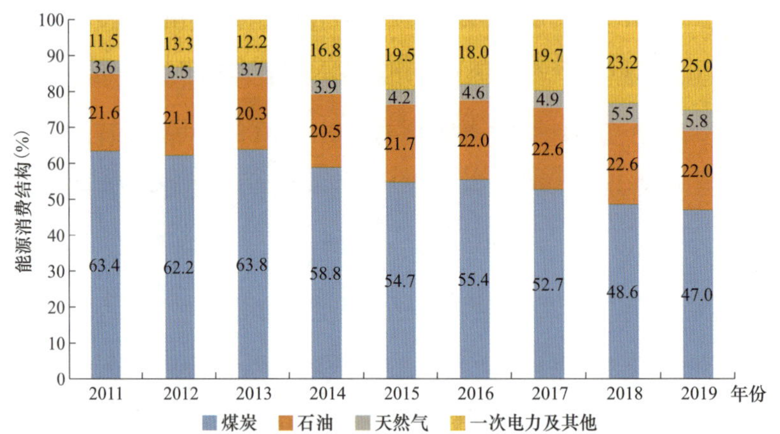

图4-5　2011—2019年南方五省区能源消费结构

数据来源：根据《中国能源统计年鉴》及各省统计年鉴折算

广东能源消费总量居南方五省区之首。2019年广东、广西、云南、贵州、海南能源消费总量分别为3.4亿、1.1亿、1.2亿、1.0亿、0.2亿t标准煤，其中广东排名全国（除西藏外）第二，仅次于山东，云南、广西、贵州分列全国第17、20、21位，海南排名末位。2011年以来，广东能源消费占南方五省区比重基本平稳，广西、云南、海南占比总体呈上升趋势，贵州占比下降。2011—2019年南方五省区能源消费量及增速见表4-2，2011—2019年南方五省区能源消费量占比如图4-6所示。

表4-2　　2011—2019年南方五省区能源消费量及增速

单位：亿t标准煤，%

年份		2011	2012	2013	2014	2015	2016	2017	2018	2019
广东	消费量	2.9	2.9	2.9	3.0	3.0	3.1	3.2	3.3	3.4
	增速	5.8	2.3	−2.3	3.9	1.9	3.6	3.5	3.2	2.4

续表

年份		2011	2012	2013	2014	2015	2016	2017	2018	2019
广西	消费量	0.9	0.9	0.9	1.0	1.0	1.0	1.1	1.1	1.1
	增速	8.5	6.6	-0.6	4.6	2.6	3.4	3.6	3.1	4.1
云南	消费量	1.0	1.0	1.0	1.1	1.0	1.1	1.1	1.2	1.2
	增速	10.0	9.4	-3.5	3.8	-0.9	2.9	4.1	4.4	4.9
贵州	消费量	0.9	1.0	0.9	1.0	1.0	1.0	1.1	1.0	1.0
	增速	10.9	8.9	-5.9	4.4	2.5	2.8	2.5	-4.4	3.9
海南	消费量	0.2	0.2	0.2	0.2	0.2	0.2	0.2	0.2	0.2
	增速	17.8	5.4	1.9	5.8	6.5	3.5	4.8	3.3	4.3
五省区合计	消费量	5.7	6.0	5.9	6.1	6.2	6.4	6.7	6.8	7.0
	增速	8.0	5.3	-2.7	4.1	1.7	3.3	3.5	2.2	3.4

数据来源：《中国能源统计年鉴》及各省统计年鉴

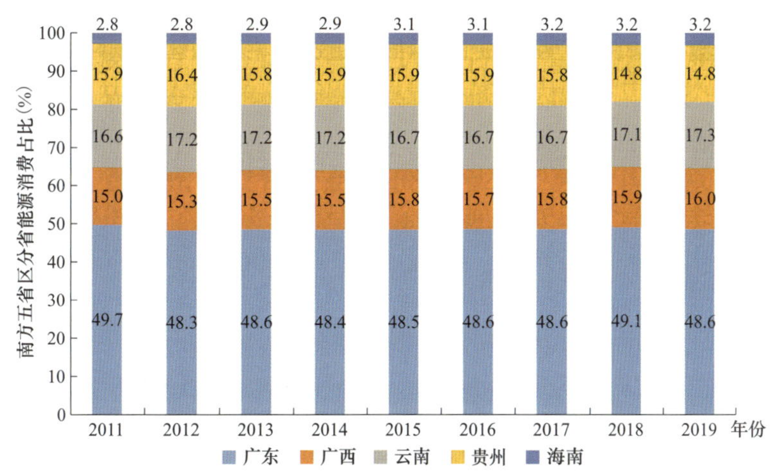

图 4-6　2011—2019 年南方五省区能源消费量占比

数据来源：各省统计局、发改委

4.2.2　南方五省区能源供应

南方五省区一次能源生产总量稳步提升。2019 年，南方五省区一次能源生产总量 3.8 亿 t 标准煤，同比增长 5.0%，增速同比提升 3.8 个百分点，与全国一次能源生产增速基本持平，占全国一次能源生产的 9.3%，比上年提升 0.2 个百分点。2011—2019 年，南方五省区一次能源产量年平均增长率4.0%，占全国比重在连续三年下降后于2019年回升。2011—2019年南方五省区一次能源生产总量、增速及占全国比重如图4-7所示。

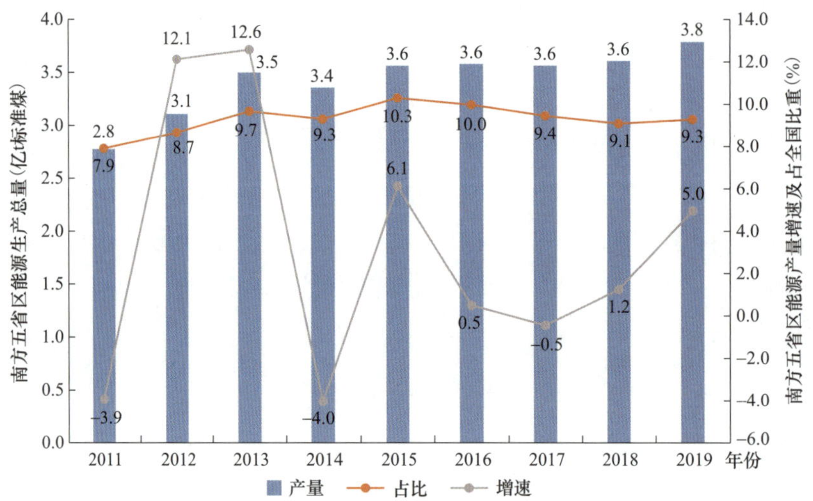

图4-7　2011—2019年南方五省区一次能源生产总量、增速及占全国比重

数据来源：《中国能源统计年鉴》及各省统计年鉴

非化石能源产量占比逐年提升。2019年，南方五省区原煤产量12 986万t标准煤，同比下降1.5%，占一次能源生产总量比重为34.3%，比上年回落2.3个百分点；原油产量2269万t标准煤，同比增长7.6%，占比6.0%，比上年提升0.2个百分点；天然气产量1526万t标准煤，同比增长9.2%，占比4.0%，比上年提升0.1个百分点；一次电力及其他能源产量21 064万t标准煤，同比增长8.8%，占比55.6%，比上年提升1.9个百分点。2011—2019年南方五省区分品类一次能源产量及增速见表4-3，2011—2019年南方五省区一次能源生产结构如图4-8所示。

表4-3　2011—2019年南方五省区分品类一次能源产量及增速

单位：万t标准煤，%

年份		2011	2012	2013	2014	2015	2016	2017	2018	2019
原煤	产量	17 913	19 887	20 333	16 228	15 514	14 872	14 594	13 189	12 986
	增速	-0.5	11.0	2.2	-20.2	-4.4	-4.1	-1.9	-9.6	-1.5
原油	产量	1679	1757	1946	1904	2362	2333	2156	2108	2269
	增速	-10.3	4.7	10.7	-2.1	24.0	-1.2	-7.6	-2.2	7.6

续表

年份		2011	2012	2013	2014	2015	2016	2017	2018	2019
天然气	产量	1119	1119	1023	1124	1304	1104	1241	1398	1526
	增速	6.2	0	−8.5	9.9	16.0	−15.4	12.4	12.7	9.2
一次电力及其他	产量	7013	8288	11 654	14 326	16 414	17 484	17 643	19 381	21 064
	增速	−11.5	18.2	40.6	22.9	14.6	6.5	0.9	9.9	8.7

数据来源：《中国能源统计年鉴》及各省统计年鉴

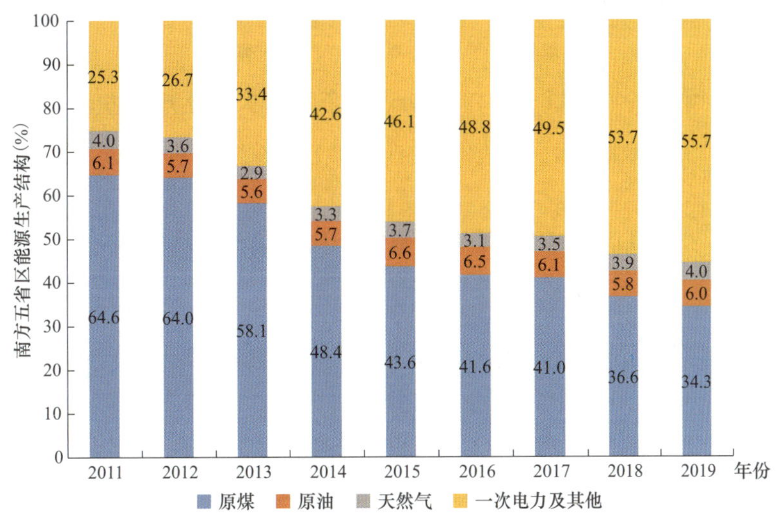

图 4-8　2011—2019 年南方五省区一次能源生产结构

数据来源：《中国能源统计年鉴》及各省统计年鉴

云南、贵州为南方五省区一次能源主要产地，但合计占比逐年下降。 2019 年广东、广西、云南、贵州、海南一次能源生产总量分别为 8377 万、3605 万、13 751 万、11 630 万、488 万 t 标准煤，同比分别增长 18.3%、−4.1%、9.0%、−4.6%、15.1%，占南方五省区一次能源生产总量的比重分别为 22.1%、9.5%、36.3%、30.7%、1.3%。2014 年以来，广东、广西、云南、海南一次能源生产总量占南方五省区比重总体呈上升趋势，贵州占比逐年下降。2011—2019 年南方五省区一次能源产量占比如图 4-9 所示，2011—2019 年南方五省区一次能源产量及增速见表 4-4。

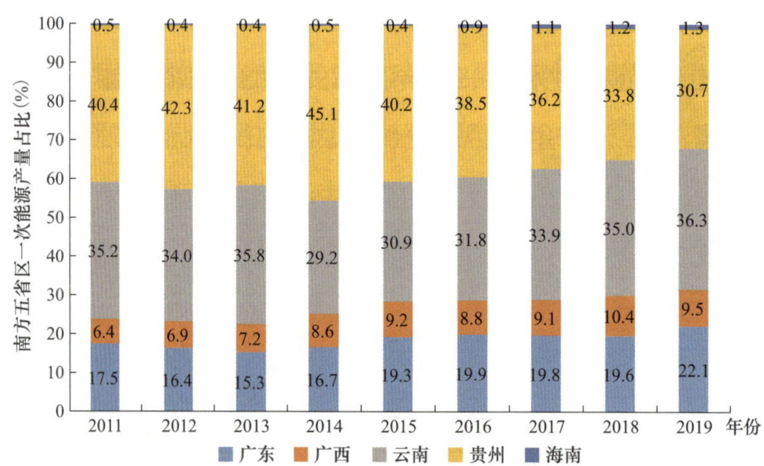

图 4-9　2011—2019 年南方五省区一次能源产量占比

数据来源：《中国能源统计年鉴》及各省统计年鉴

表 4-4　　2011—2019 年南方五省区一次能源产量及增速

单位：万 t 标准煤，%

年份		2011	2012	2013	2014	2015	2016	2017	2018	2019
广东	产量	4847	5089	5365	5595	6863	7138	7037	7079	8377
	增速	−0.2	5.0	5.4	4.3	22.7	4.0	−1.4	0.6	18.3
广西	产量	1777	2130	2517	2870	3274	3147	3255	3757	3605
	增速	−9.0	19.9	18.2	14.0	14.1	−3.9	3.4	15.4	−4.1
云南	产量	9753	10 578	12 532	9805	11 005	11 382	12 060	12 619	13 751
	增速	10.5	8.5	18.5	−21.8	12.2	3.4	6.0	4.6	9.0
贵州	产量	11 191	13 136	14 404	15 136	14 323	13 791	12 888	12 186	11 630
	增速	−14.6	17.4	9.7	5.1	−5.4	−3.7	−6.5	−5.4	−4.6
海南	产量	144	134	151	153	149	330	384	424	488
	增速	24.1	−6.9	12.7	1.3	−2.6	121.5	16.4	10.4	15.1
五省区合计	产量	27 712	31 067	34 969	33 559	35 614	35 787	35 624	36 065	37 851
	增速	−3.9	12.1	12.6	−4.0	6.1	0.5	−0.5	1.2	5.0

数据来源：《中国能源统计年鉴》及各省统计年鉴

4.2.3　南方五省区能源供需平衡情况

南方五省区一次能源产能有限，能源自给率维持在50%左右。2019 年，

南方五省区一次能源生产总量 3.8 亿 t 标准煤，远低于能源消费量 7.0 亿 t 标准煤，能源自给率为 53.9%。分省看，云南、贵州一次能源生产能力高于消费需求，广东、广西、海南能源供给主要依赖进口或省外调入，能源自给率分别为 24.5%、32.0%、21.6%。2011—2019 年南方五省区能源供需情况如图 4-10 所示，2019 年南方五省区能源供需及自给率如图 4-11 所示。

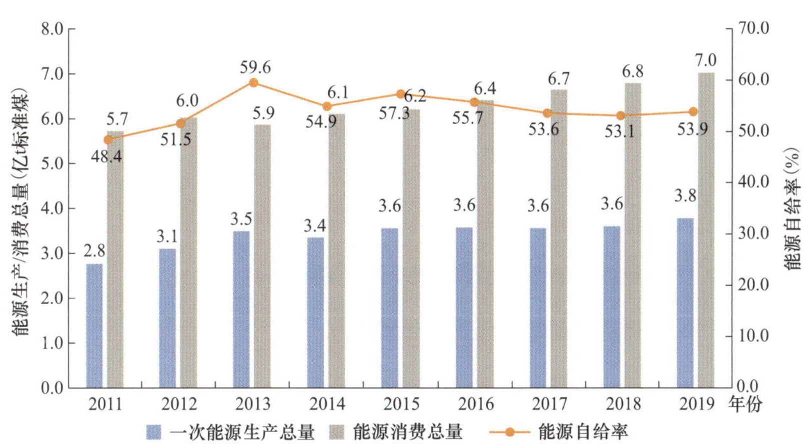

图 4-10　2011—2019 年南方五省区能源供需及自给率

数据来源：《中国能源统计年鉴》及各省统计年鉴

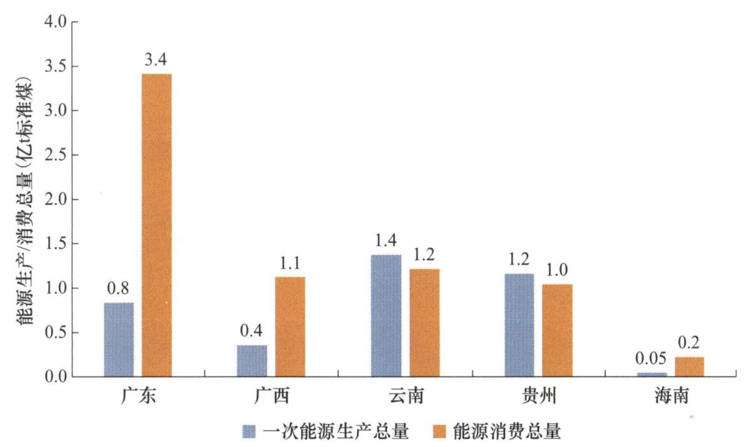

图 4-11　2019 年南方五省区能源供需情况

数据来源：《中国能源统计年鉴》及各省统计年鉴

4.2.4 南方五省区能源关键指标

南方五省区整体能源利用效率高于全国平均水平。2019 年，南方五省区单位产值能耗 0.49t 标准煤/万元（2010 年可比价），明显低于全国 0.62t 标准煤/万元的平均水平。其中，2019 年广东、广西、海南单位产值能耗分别为 0.38、0.56、0.54t 标准煤/万元，每万元产值能耗分别低于全国 0.24、0.06、0.08t 标准煤；云南、贵州单位产值能耗为 0.71、0.87t 标准煤/万元，每万元产值能耗分别高于全国 0.09、0.25t 标准煤。2019 年全国及南方五省区单位产值能耗如图 4-12 所示，2011—2019 年全国及南方五省区单位产值能耗见表 4-5。

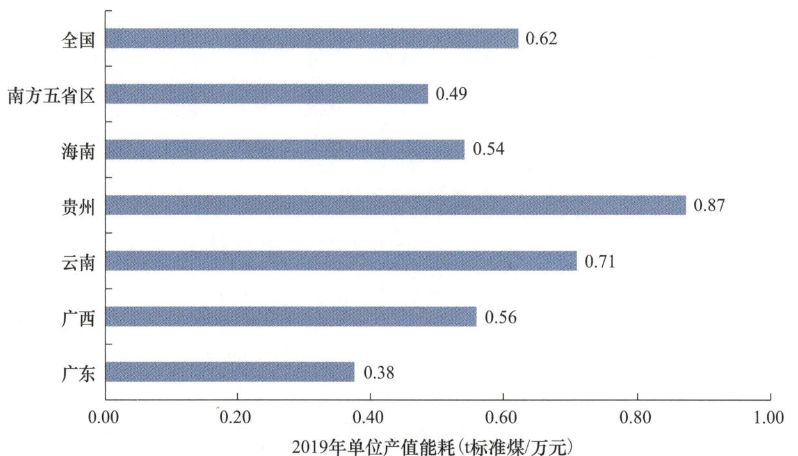

图 4-12 2019 年全国及南方五省区单位产值能耗（2010 年可比价）

数据来源：根据国家统计局数据折算

表 4-5 2011—2019 年全国及南方五省区单位产值能耗

单位：t 标准煤/万元

年份	2011	2012	2013	2014	2015	2016	2017	2018	2019
广东	0.56	0.53	0.48	0.46	0.44	0.42	0.40	0.39	0.38
广西	0.74	0.71	0.69	0.67	0.63	0.61	0.59	0.57	0.56
云南	1.16	1.12	0.97	0.93	0.85	0.81	0.76	0.73	0.71
贵州	1.72	1.65	1.37	1.29	1.13	1.05	0.97	0.91	0.87

续表

年份	2011	2012	2013	2014	2015	2016	2017	2018	2019
海南	0.69	0.67	0.62	0.61	0.60	0.58	0.56	0.55	0.54
南方五省区	0.74	0.71	0.63	0.61	0.57	0.55	0.53	0.50	0.49
全国	0.86	0.83	0.79	0.76	0.71	0.68	0.65	0.63	0.62

数据来源：根据国家统计局数据折算

广东、海南单位产值电耗低于全国平均水平。2020 年，南方五省区每万元产值耗电量 881kWh，低于全国 60.3kWh。分省看，广东、海南单位产值电耗 746、838kWh/万元，每万元产值耗电量低于全国 195、103kWh；广西、云南、贵州单位产值电耗分别为 971、1137、1272kWh/万元，每万元产值耗电量分别高于全国 30.1、196、331kWh。贵州、海南每万元产值耗电量同比下降 18.7、12.1kWh，广东、广西、云南同比回升 8.2、22.7、79.1kWh。2020 年全国及南方五省区单位产值电耗（2010 年可比价）如图 4-13 所示，2011—2020 年全国及南方五省区单位产值电耗见表 4-6。

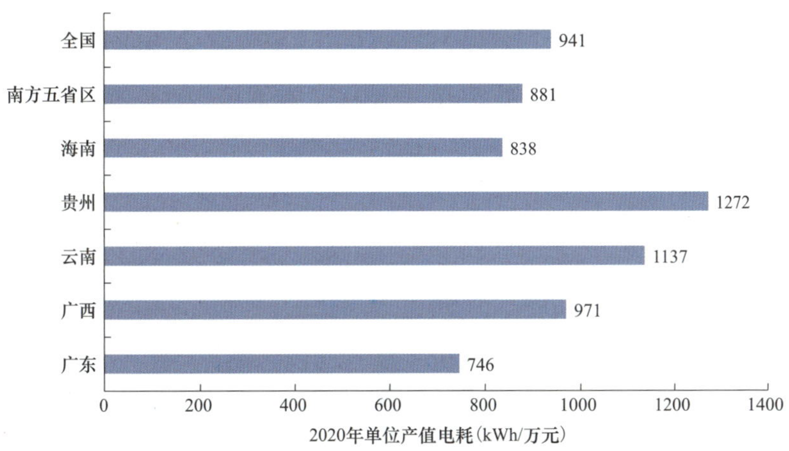

图 4-13　2020 年全国及南方五省区单位产值电耗（2010 年可比价）

数据来源：根据国家及各省统计局数据折算

表 4-6　2011—2020 年全国及南方五省区单位产值电耗　单位：kWh/万元

年份	2011	2012	2013	2014	2015	2016	2017	2018	2019	2020
广东	869	843	813	817	768	754	745	740	738	746
广西	1035	965	938	915	863	820	813	898	948	971

续表

年份	2011	2012	2013	2014	2015	2016	2017	2018	2019	2020
云南	1466	1418	1403	1359	1177	1062	1057	1060	1058	1137
贵州	1784	1741	1665	1567	1415	1355	1371	1344	1290	1272
海南	817	833	837	838	839	823	818	829	850	838
南方五省区	1021	993	967	958	888	856	851	860	863	881
全国	1042	1020	1018	987	943	927	923	937	929	941

数据来源：根据国家及各省统计局数据折算

4.3 南方五省区煤炭供需

4.3.1 南方五省区煤炭需求

南方五省区煤炭消费总量较为平稳。2019年南方五省区煤炭消费量4.6亿t，同比增长1.7%，增速同比提高2.9个百分点。2011年以来，南方五省区煤炭消费量总体呈下降趋势，2015年达到近十年内最低消费水平，2016年以来煤炭消费量基本维持在4.5亿t左右。2011—2019年南方五省区煤炭消费总量及增速如图4-14所示。

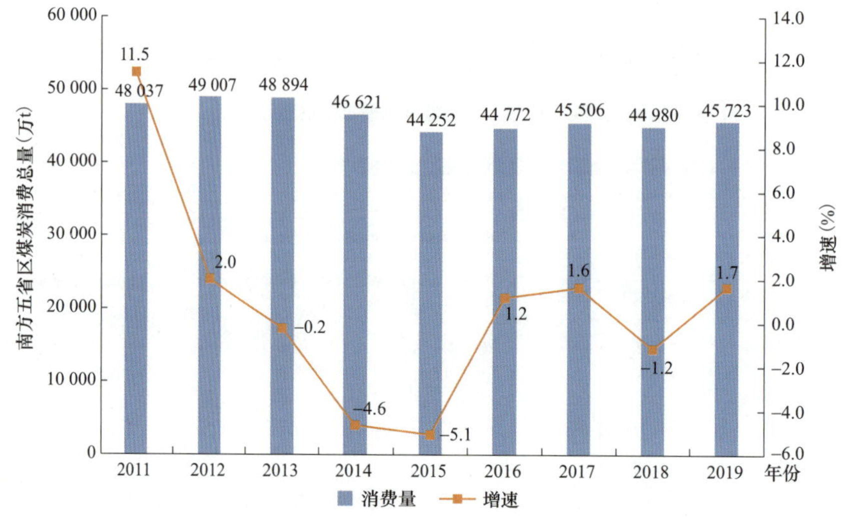

图4-14 2011—2019年南方五省区煤炭消费总量及增速

数据来源：《中国能源统计年鉴》

广西煤炭消费量连续两年快速增长，广东、海南煤炭消费量负增长。 分省看，2019 年广东、海南煤炭消费量分别为 16 834 万、1130 万 t，同比分别减少 1.4%、2.8%，分别占南方五省区煤炭消费总量的 36.8%、2.5%；广西、云南、贵州煤炭消费量 8022 万、7533 万、12 204 万 t，同比分别增长 9.3%、1.8%、1.6%，分别占南方五省区煤炭消费总量的 17.5%、16.5%、26.7%。2011—2019 年南方五省区煤炭消费量占比如图 4-15 所示，2011—2019 年南方五省区煤炭消费量及增速见表 4-7。

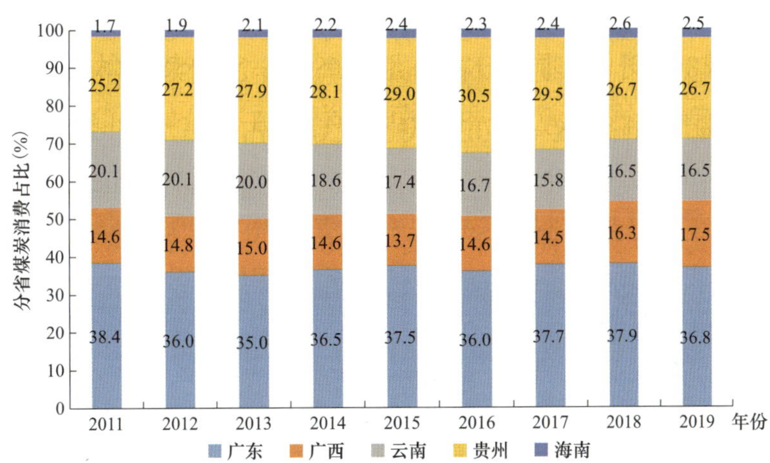

图 4-15　2011—2019 年南方五省区煤炭消费量占比

数据来源：《中国能源统计年鉴》

表 4-7　　2011—2019 年南方五省区煤炭消费量及增速　　单位：万 t，%

年份		2011	2012	2013	2014	2015	2016	2017	2018	2019
广东	消费量	18 439	17 634	17 107	17 014	16 587	16 135	17 172	17 068	16 834
	增速	15.4	−4.4	−3.0	−0.5	−2.5	−2.7	6.4	−0.6	−1.4
广西	消费量	7033	7264	7344	6797	6047	6518	6613	7340	8022
	增速	13.3	3.3	1.1	−7.5	−11.0	7.8	1.5	11.0	9.3
云南	消费量	9664	9850	9783	8675	7713	7461	7211	7402	7533
	增速	3.4	1.9	−0.7	−11.3	−11.1	−3.3	−3.3	2.6	1.8
贵州	消费量	12 085	13 328	13 651	13 118	12 833	13 643	13 410	12 008	12 204
	增速	10.8	10.3	2.4	−3.9	−2.2	6.3	−1.7	−10.5	1.6

续表

年份		2011	2012	2013	2014	2015	2016	2017	2018	2019
海南	消费量	815	931	1009	1018	1072	1015	1099	1163	1130
	增速	26.0	14.2	8.4	0.9	5.3	-5.3	8.3	5.8	-2.8
五省区合计	消费量	43 095	48 037	49 007	48 894	46 621	44 252	44 772	45 506	45 723
	增速	11.5	2.0	-0.2	-4.6	-5.1	1.2	1.6	-1.2	1.7

数据来源：《中国能源统计年鉴》及各省统计年鉴

4.3.2 南方五省区煤炭供应

南方五省区煤炭产量连续六年负增长。2019年南方五省区煤炭产量1.9亿t，同比减少1.5%，增速同比提升8.1个百分点。2011年以来，南方五省区煤炭产量呈先增后降趋势，2013年达到近十年内最高水平，2014年以来煤炭产量持续下降。2011—2019年南方五省区煤炭总产量及增速如图4-16所示。

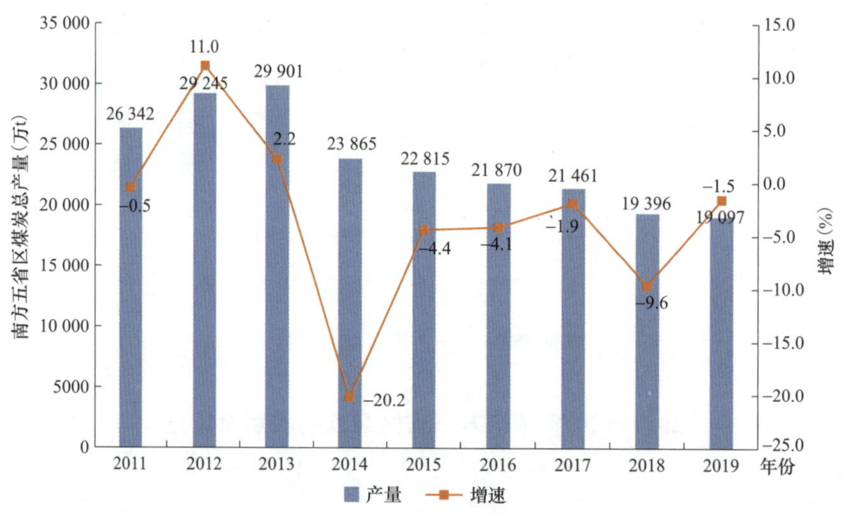

图4-16　2011—2019年南方五省区煤炭总产量及增速

数据来源：《中国能源统计年鉴》

云南、贵州是南方五省区煤炭的主要产区，贵州煤炭产量逐年下降。分省看，2019年广西煤炭产量406万t，同比下降16.8%，占南方五省区煤炭生产总量的2.1%；云南煤炭产量5523万t，同比增长20.8%，占比28.9%；贵州煤炭产量13 168万t，同比下降8.1%，连续第六年负增长，

占比 69.0%。2011—2019 年南方五省区煤炭产量占比如图 4-17 所示，2011—2019 年南方五省区煤炭产量及增速见表 4-8。

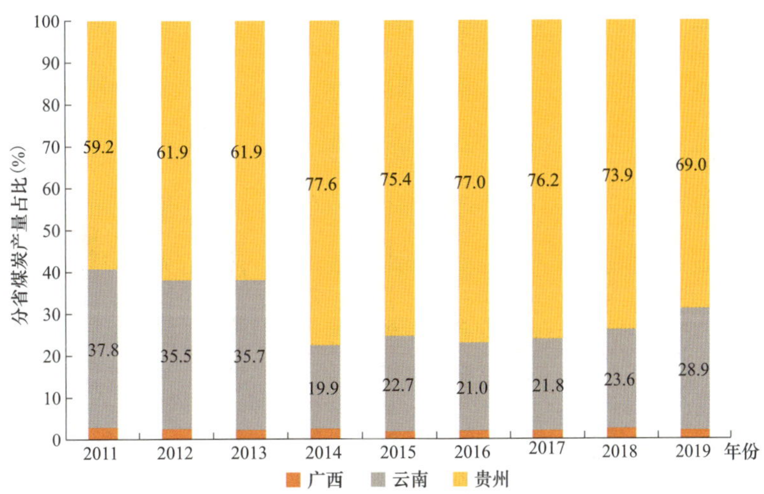

图 4-17　2011—2019 年南方五省区煤炭产量占比

数据来源：《中国能源统计年鉴》

表 4-8　2011—2019 年南方五省区煤炭产量及增速　单位：万 t,%

年份		2011	2012	2013	2014	2015	2016	2017	2018	2019
广东	产量	—	—	—	—	—	—	—	—	—
	增速	—	—	—	—	—	—	—	—	—
广西	产量	784	754	697	615	425	433	443	488	406
	增速	3.5	-3.8	-7.5	-11.7	-30.9	1.7	2.4	10.2	-16.8
云南	产量	9957	10 385	10 686	4741	5184	4587	4675	4573	5523
	增速	2.0	4.3	2.9	-55.6	9.4	-11.5	1.9	-2.2	20.8
贵州	产量	15 601	18 107	18 518	18 508	17 205	16 851	16 344	14 335	13 168
	增速	-2.2	16.1	2.3	-0.1	-7.0	-2.1	-3.0	-12.3	-8.1
海南	产量	—	—	—	—	—	—	—	—	—
	增速	—	—	—	—	—	—	—	—	—
五省区合计	产量	26 342	29 245	29 901	23 865	22 815	21 870	21 461	19 396	19 097
	增速	-0.5	11.0	2.2	-20.2	-4.4	-4.1	-1.9	-9.6	-1.5

数据来源：《中国能源统计年鉴》及各省统计年鉴

4.3.3　南方五省区煤炭供需平衡情况

南方五省区煤炭自给率连续四年下降。2019 年，南方五省区煤炭自给率41.8%，同比下降1.3个百分点。2011年以来，南方五省区煤炭自给率先增后降，2013年达到最高水平。2011—2019年南方五省区煤炭生产、消费量及煤炭自给率如图4-18所示。

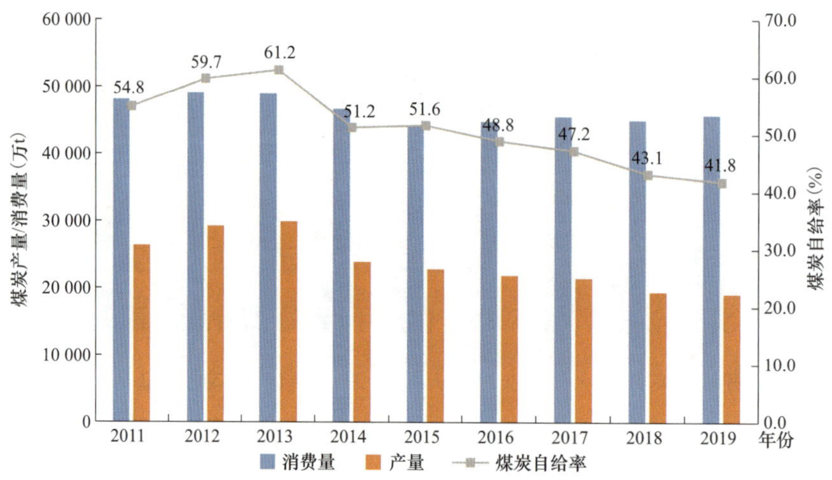

图4-18　2011—2019年南方五省区煤炭生产、消费量及煤炭自给率

数据来源：《中国能源统计年鉴》及各省统计年鉴

贵州煤炭产量高于本省消费需求，其余四省不同程度依赖外省调入或进口。2019年，贵州煤炭自给率107.9%，供应能力高于消费需求；云南煤炭自给率73.3%，对外省和进口煤炭依赖度较低；广西、海南、广东三省煤炭需求主要依靠省外调入或进口。2019年南方五省区煤炭生产/消费情况如图4-19所示。

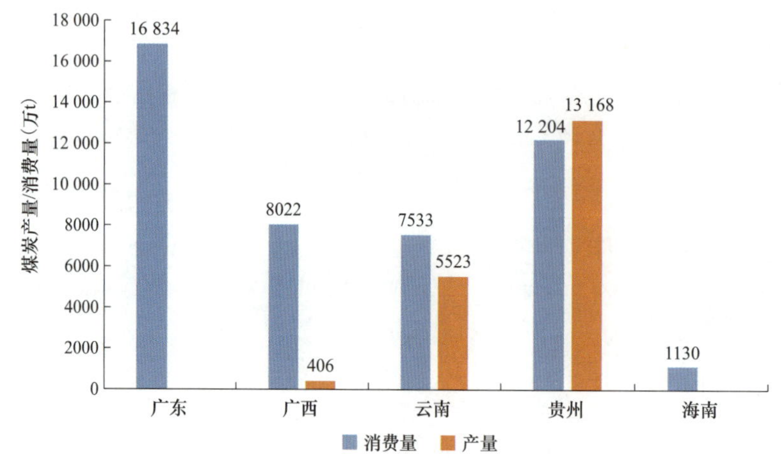

图4-19　2019年南方五省区煤炭生产/消费情况

数据来源：《中国能源统计年鉴》及各省统计年鉴

4.4 南方五省区石油供需

4.4.1 南方五省区石油需求

南方五省区石油消费量小幅增长，增速持续放缓。2019 年南方五省区石油消费量 1.1 亿 t，同比增长 0.3%，增速同比回落 3.4 个百分点。2011 年以来，南方五省区石油消费量总体呈上升趋势，但 2015 年以来增速逐年放缓，2011—2019 年年均增长率 3.1%。2011—2019 年南方五省区石油消费总量及增速如图 4-20 所示。

图 4-20 2011—2019 年南方五省区石油消费总量及增速

数据来源：《中国能源统计年鉴》

云南、贵州、海南石油消费量保持正增长，广东、广西石油消费量负增长。分省看，2019 年广东、广西石油消费量分别为 6417 万、1111 万 t，同比分别减少 0.4%、9.5%，分别占南方五省区石油消费总量的 59.9%、10.4%；云南、贵州、海南石油消费量分别为 1507 万、1174 万、508 万 t，同比分别增长 8.3%、3.2%、4.3%，分别占南方五省区石油消费总量的 14.1%、11.0%、4.7%。2011 年以来，云南、贵州石油消费占南方五省区消费总量比重总体呈上升趋势，广东占比逐年下降，广西占比先升后降，海南占比总体平稳。2011—2019 年南方五省区石油消费量占比如图 4-21 所示，2011—2019 年南方五省区石油消费量及增速见表 4-9。

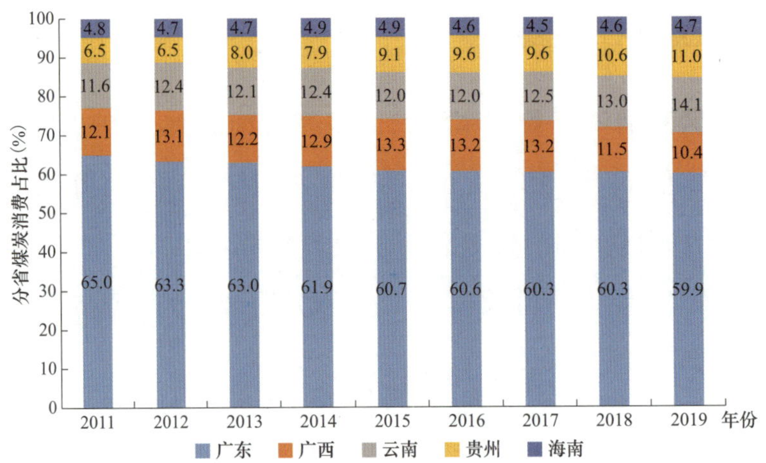

图 4-21 2011—2019 年南方五省区石油消费量占比

数据来源：《中国能源统计年鉴》

表 4-9 2011—2019 年南方五省区石油消费量及增速 单位：万 t，%

年份		2011	2012	2013	2014	2015	2016	2017	2018	2019
广东	消费量	5462	5481	5178	5320	5619	5942	6212	6443	6417
	增速	-1.8	0.3	-5.5	2.7	5.6	5.7	4.5	3.7	-0.4
广西	消费量	1019	1132	999	1109	1228	1299	1356	1227	1111
	增速	14.5	11.1	-11.8	11.1	10.7	5.8	4.3	-9.5	-9.5
云南	消费量	975	1070	996	1061	1108	1174	1290	1391	1507
	增速	8.5	9.7	-6.9	6.5	4.4	5.9	9.8	7.9	8.3
贵州	消费量	546	562	658	683	842	945	988	1137	1174
	增速	10.6	2.9	17.1	3.8	23.3	12.1	4.5	15.1	3.2
海南	消费量	402	410	387	419	453	449	460	487	508
	增速	2.8	1.9	-5.5	8.1	8.2	-1.0	2.6	5.7	4.3
五省区合计	消费量	8405	8655	8219	8592	9251	9809	10 305	10 684	10 716
	增速	2.0	3.0	-5.0	4.5	7.7	6.0	5.1	3.7	0.3

数据来源：《中国能源统计年鉴》及各省统计年鉴

4.4.2 南方五省区石油供应

南方五省区原油产量增速由负转正。2019年南方五省区原油产量1588万t，同比增长7.6%，增速同比提升9.8个百分点。2011年以来，南方五省区原油产量总体呈波动上升趋势，2011—2019年年均增长率3.8%。2011—2019年南方五省区原油总产量及增速如图4-22所示。

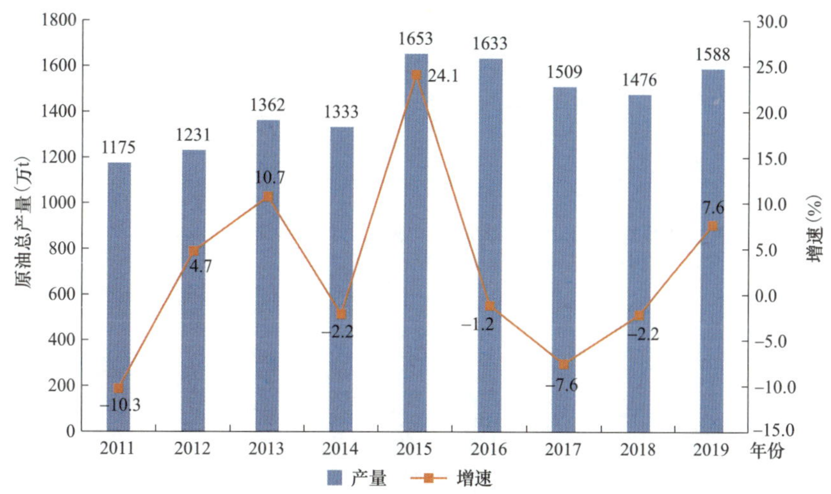

图4-22 2011—2019年南方五省区原油总产量及增速

数据来源：《中国能源统计年鉴》及各省统计年鉴

广东是南方五省区原油的主要产区。分省看，2019年广东原油产量1508万t，同比增长8.2%，占南方五省区原油生产总量的94.9%；广西原油产量50.3万t，同比下降3.1%，占比3.2%；海南原油产量30.5万t，同比增长0.3%，占比1.9%。2011—2019年南方五省区原油产量及增速见表4-10，2011—2019年南方五省区原油产量占比如图4-23所示。

表4-10 2011—2019年南方五省区原油产量及增速 单位：万t,%

年份		2011	2012	2013	2014	2015	2016	2017	2018	2019
广东	产量	1153	1209	1292	1245	1573	1556	1435	1394	1508
	增速	-10.4	4.9	6.8	-3.6	26.3	-1.0	-7.8	-2.9	8.2

续表

年份		2011	2012	2013	2014	2015	2016	2017	2018	2019
广西	产量	2.3	2.3	43.8	58.7	50.5	47.4	44.1	51.9	50.3
	增速	-14.8	0	1804.3	34.0	-14.0	-6.1	-7.0	17.7	-3.1
云南	产量	—	—	—	—	—	—	—	—	—
	增速	—	—	—	—	—	—	—	—	—
贵州	产量	—	—	—	—	—	—	—	—	—
	增速	—	—	—	—	—	—	—	—	—
海南	产量	19.7	19.0	26.5	28.5	30.0	29.4	30.0	30.4	30.5
	增速	-1.5	-3.6	39.5	7.5	5.3	-2.0	2.0	1.3	0.3
五省区合计	产量	1175	1231	1362	1333	1653	1633	1509	1476	1588
	增速	-10.3	4.7	10.7	-2.2	24.1	-1.2	-7.6	-2.2	7.6

数据来源：《中国能源统计年鉴》及各省统计年鉴

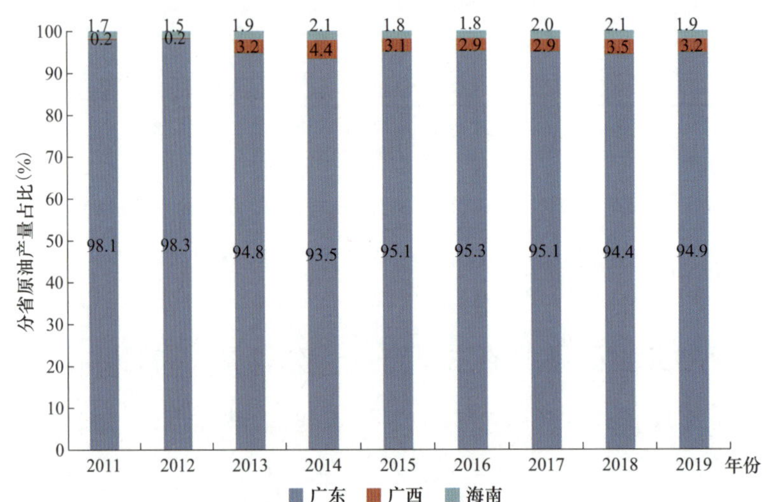

图 4-23　2011—2019 年南方五省区原油产量占比

数据来源：《中国能源统计年鉴》

4.4.3　南方五省区石油供需平衡情况

南方五省区石油自给率处于较低水平。2019 年，南方五省区石油自给率 14.8%，同比提升 1.0 个百分点。2011 年以来，南方五省区石油自给率

总体呈先升后降趋势。2011—2019 年南方五省区石油生产/消费量及自给率如图 4-24 所示。

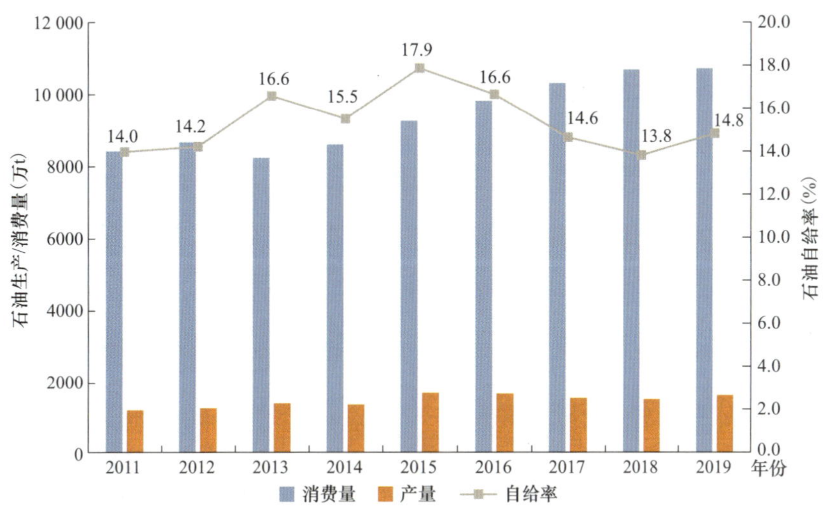

图 4-24　2011—2019 年南方五省区石油生产/消费量及自给率

数据来源：《中国能源统计年鉴》及各省统计年鉴

分省看，广东石油自给率 23.5%，高于南方五省区总体水平，其他四省区石油供给几乎全部依赖外省调入或进口。2019 年南方五省区石油生产/消费情况如图 4-25 所示。

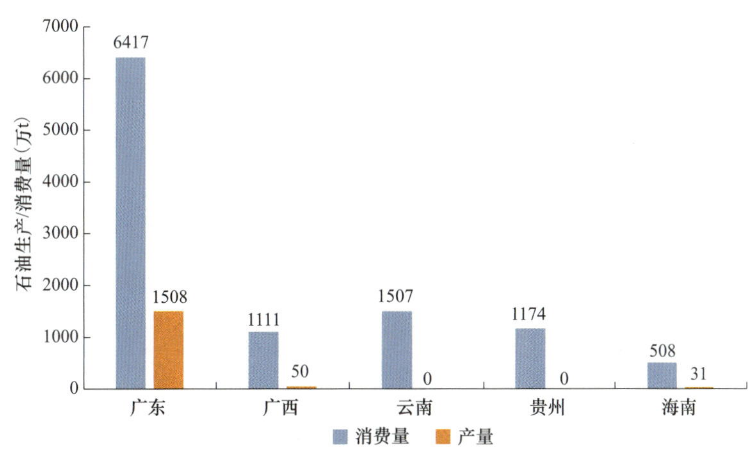

图 4-25　2019 年南方五省区石油生产/消费情况

数据来源：《中国能源统计年鉴》及各省统计年鉴

4.5 南方五省区天然气供需

4.5.1 南方五省区天然气需求

南方五省区天然气消费量保持高速增长。2019 年南方五省区天然气消费量 333 亿 m^3，同比增长 10.6%，增速同比回落 16.2 个百分点。2011 年以来，南方五省区天然气消费量持续上升，2011—2019 年年均增长率 8.4%。2011—2019 年南方五省区天然气消费总量及增速如图 4 - 26 所示。

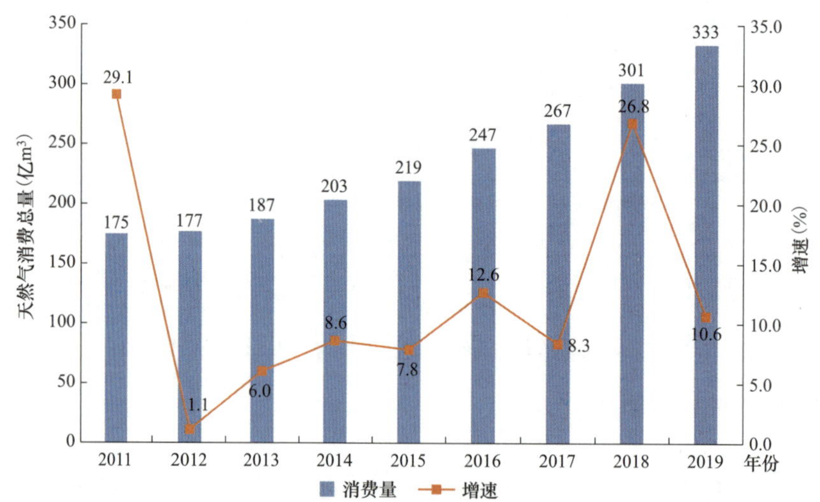

图 4 - 26　2011—2019 年南方五省区天然气消费总量及增速

数据来源：《中国能源统计年鉴》

各省区天然气消费量均保持较快增长，广西、云南、贵州增速超 10%。分省看，2019 年广东天然气消费量 206 亿 m^3，同比增长 8.2%，占南方五省区天然气消费总量的 61.8%；广西、云南、贵州天然气消费量分别为 27.9 亿、16.5 亿、36.8 亿 m^3，同比分别增长 22.8%、26.7%、19.3%，分别占南方五省区天然气消费总量的 8.4%、4.9%、11.0%；海南天然气消费量 46.2 亿 m^3，同比增长 4.2%，占比 13.8%。2011 年以来，广东天然气消费占南方五省区消费比重先升后降，广西、云南、贵州占比总体

呈上升趋势，海南占比逐年下降。2011—2019 年南方五省区天然气消费量占比如图 4-27 所示，2011—2019 年南方五省区天然气消费量及增速见表 4-11。

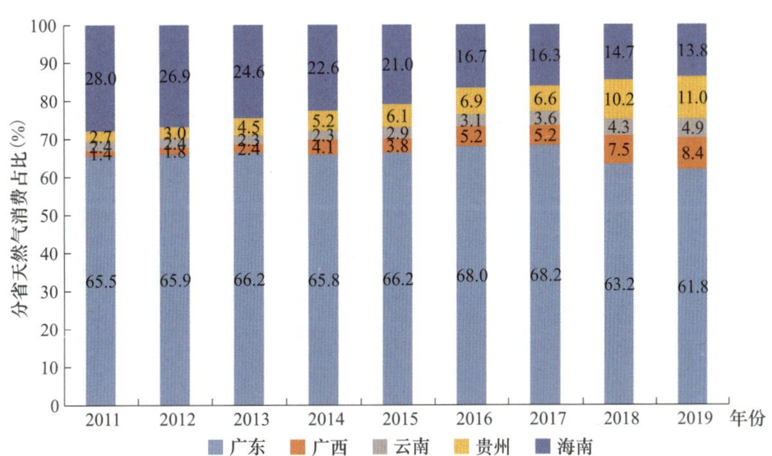

图 4-27　2011—2019 年南方五省区天然气消费量占比

数据来源：《中国能源统计年鉴》

表 4-11　　2011—2019 年南方五省区天然气消费量及增速　单位：亿 m³，%

年份		2011	2012	2013	2014	2015	2016	2017	2018	2019
广东	消费量	115	117	124	134	145	168	182	191	206
	增速	19.2	1.8	6.5	7.9	8.5	15.6	8.7	4.5	8.2
广西	消费量	2.5	3.2	4.6	8.3	8.4	12.9	14.0	22.7	27.9
	增速	38.9	25.9	43.0	81.3	1.5	54.0	8.8	61.7	22.8
云南	消费量	4.2	4.3	4.3	4.6	6.3	7.7	9.7	13.0	16.5
	增速	15.3	2.4	−0.8	8.4	36.9	21.6	25.7	34.2	26.7
贵州	消费量	4.8	5.3	8.4	10.6	13.3	17.1	17.7	30.8	36.8
	增速	13.6	10.6	60.0	26.1	25.4	28.5	3.6	73.8	19.3
海南	消费量	48.9	47.5	46.0	46.0	46.0	41.3	43.5	44.3	46.2
	增速	64.4	−2.8	−3.1	0	0	−10.2	5.2	1.9	4.2
五省区合计	消费量	175	177	187	203	219	247	267	301	333
	增速	29.1	1.1	6.0	8.6	7.8	12.6	8.3	26.8	10.6

数据来源：《中国能源统计年鉴》及各省统计年鉴

4.5.2 南方五省区天然气供应

南方五省区天然气产量保持较快增长。2019年南方五省区天然气产量117亿m^3，同比增长9.1%，增速同比回落3.6个百分点。2011年以来，南方五省区天然气产量总体呈波动上升趋势，2011—2019年年均增长率4.0%。2011—2019年南方五省区天然气总产量及增速如图4-28所示。

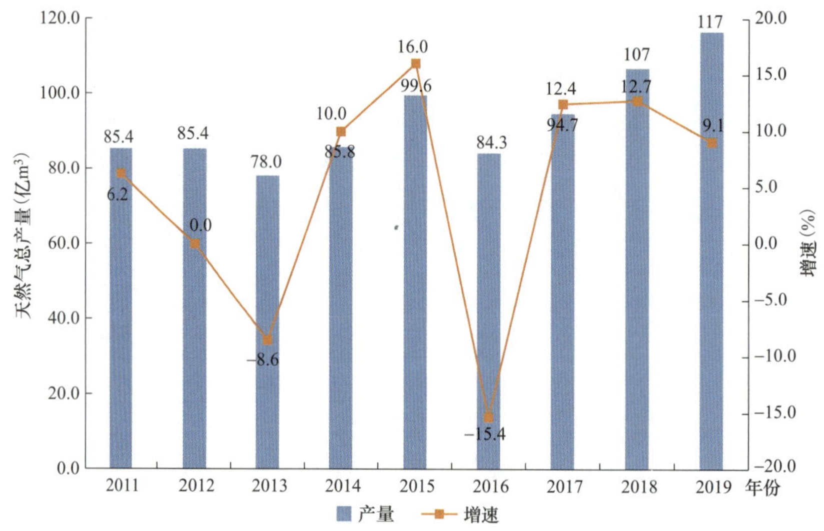

图4-28 2011—2019年南方五省区天然气总产量及增速

数据来源：《中国能源统计年鉴》

广东是南方五省区天然气的主要产地。2019年广东天然气产量112亿m^3，同比增长9.3%，占南方五省区天然气生产总量的96.2%，比上年提升0.2个百分点。2011—2019年南方五省区天然气产量占比如图4-29所示，2011—2019年南方五省区天然气产量及增速见表4-12。

表4-12　2011—2019年南方五省区天然气产量及增速　单位：亿m^3，%

年份	2011	2012	2013	2014	2015	2016	2017	2018	2019
广东	83.3	83.5	75.3	83.7	96.6	79.3	89.2	103	112
广西	0	0	0.1	0.2	0.2	0.2	0.2	0.2	0.2
云南	0.1	0.1	0	0	0	0	0	0	—
贵州	0	0	0.4	0.4	0.9	3.4	4.2	3.0	3.2

续表

年份	2011	2012	2013	2014	2015	2016	2017	2018	2019
海南	2.0	1.8	2.3	1.6	1.9	1.4	1.1	1.1	1.0
五省区合计	85.4	85.4	78.0	85.8	99.6	84.3	94.7	106.8	116.5
增速	6.2	0.0	−8.6	10.0	16.0	−15.4	12.4	12.7	9.1

数据来源：《中国能源统计年鉴》及各省统计年鉴

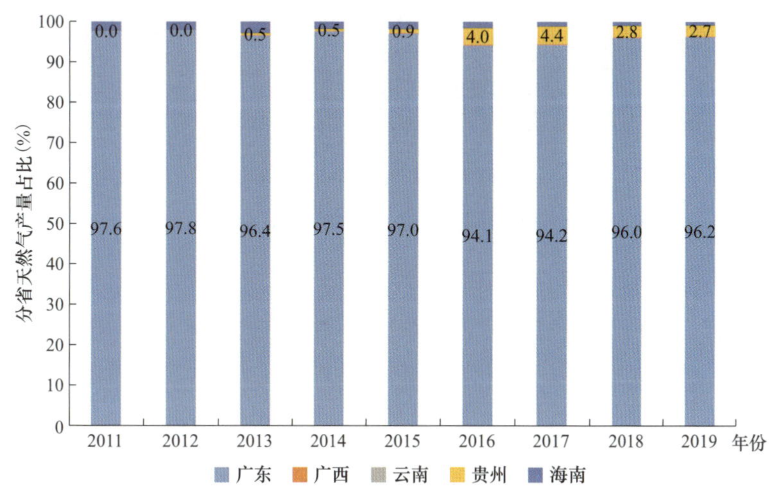

图 4-29　2011—2019 年南方五省区天然气产量占比

数据来源：《中国能源统计年鉴》

4.5.3　南方五省区天然气供需平衡情况

南方五省区天然气自给率小幅下降。2019 年，南方五省区天然气自给率 34.9%，同比下降 0.5 个百分点。2011 年以来，南方五省区天然气自给率总体呈下降趋势。2011—2019 年南方五省区天然气生产/消费量及自给率如图 4-30 所示。

各省区天然气均依赖外省调入或进口。2019 年，广东天然气自给率 54.4%，广西、云南、贵州、海南本地产能有限，天然气供给几乎全部依赖外省调入或进口。2019 年南方五省区天然气生产/消费情况如图 4-31 所示。

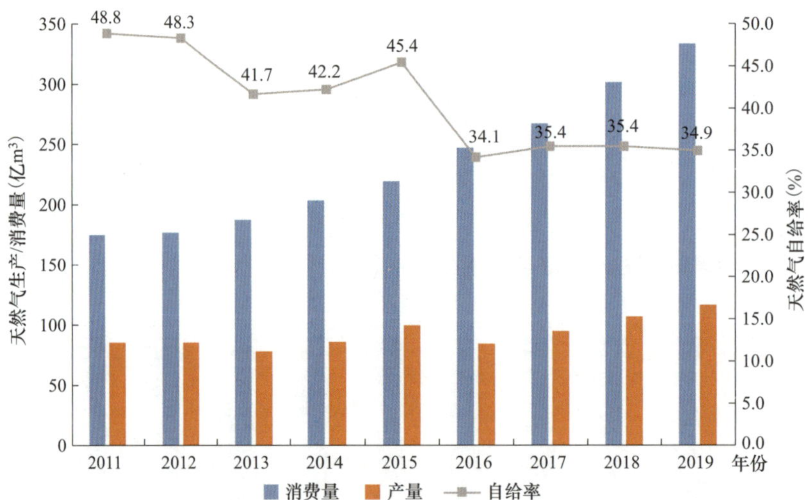

图 4-30　2011—2019年南方五省区天然气生产/消费量及自给率

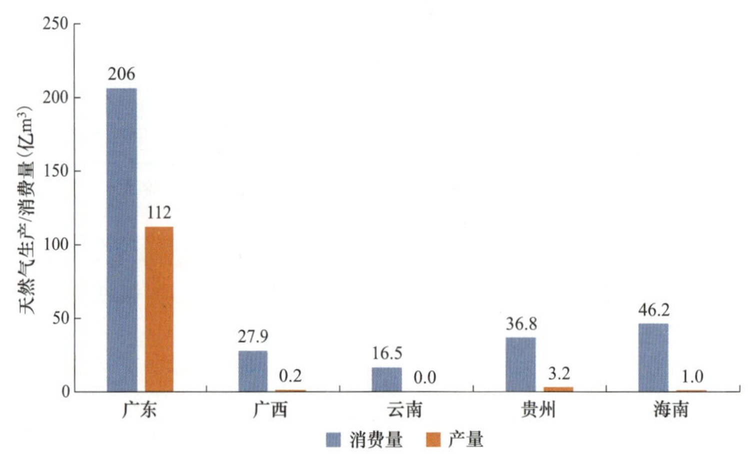

图 4-31　2019年南方五省区天然气生产/消费情况

4.6　南方五省区电力供需

4.6.1　南方五省区电力需求

南方五省区全社会用电量增速高于全国水平。2020年南方五省区全社会用电量13 056亿kWh，同比增长5.0%，增速同比回落1.9个百分点，高于全国水平1.9个百分点。2011—2020年南方五省区全社会用电量及增速如图4-32所示。

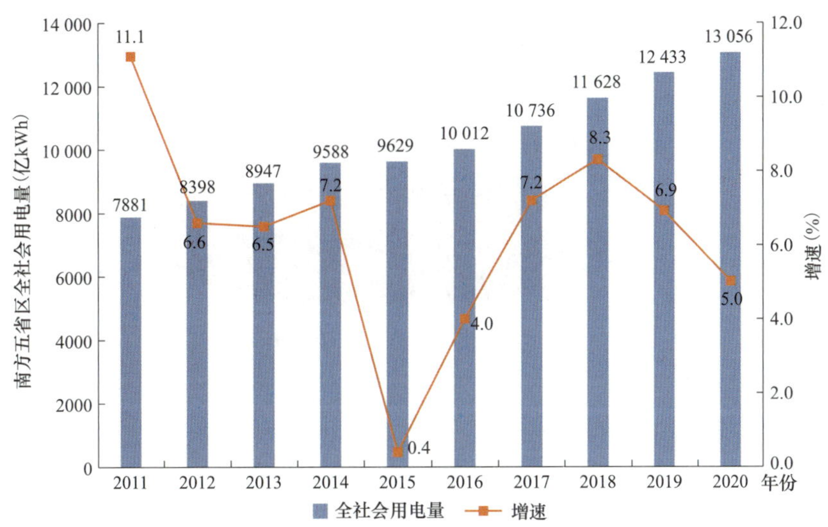

图 4-32　2011—2020 年南方五省区全社会用电量及增速

数据来源：中国电力企业联合会

第一产业和居民生活用电量保持高速增长，第三产业用电量受疫情影响增速大幅放缓。第一产业用电量 203 亿 kWh，同比增长 10.0%，增速同比提升 3.3 个百分点；第二产业用电量 8316 亿 kWh，同比增长 4.4%，增速同比回落 0.5 个百分点；第三产业用电量 2247 亿 kWh，同比增长 3.1%，增速同比大幅回落 8.5 个百分点；居民生活用电量 2289 亿 kWh，同比增长 8.9%，增速同比回落 1.4 个百分点。

第二产业用电量占比持续下降，受疫情影响第三产业用电占比回落。2020 年，第一产业用电量占南方五省区全社会用电量的 1.6%，比上年提高 0.1 个百分点；第二产业用电量占比 63.7%，比上年下降 0.4 个百分点；第三产业用电量占比 17.2%，比上年下降 0.3 个百分点；居民生活用电量占比 17.5%，比上年提升 0.6 个百分点。2020 年南方五省区三次产业和居民生活用电量及占比如图 4-33 所示。

疫情影响下广东、广西、贵州、海南用电量增速不同程度放缓。2020 年，广东全社会用电量 6926 亿 kWh，同比增长 3.4%，增速同比回落 2.5 个百分点；广西全社会用电量 2025 亿 kWh，同比增长 6.2%，增速同比回落 5.8 个百分点；云南全社会用电量 2026 亿 kWh，同比增长 11.8%，增速

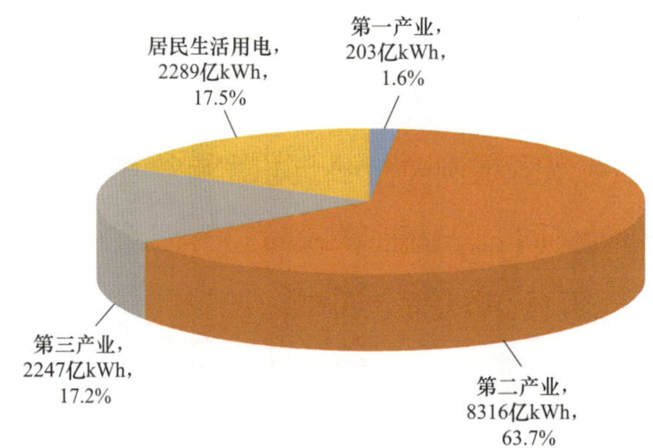

图 4-33　2020年南方五省区三次产业和居民生活用电量及占比

数据来源：中国电力企业联合会

同比提升3.9个百分点；贵州全社会用电量1586亿kWh，同比增长3.0%，增速同比回落1.0个百分点；海南全社会用电量362亿kWh，同比增长2.0%，增速同比回落6.9个百分点。

广西、云南用电量占比持续提升，其余三省区用电量占比下降。2020年，广东全社会用电量占南方五省区的53.1%，比上年回落0.8个百分点；广西占比15.5%，比上年提升0.2个百分点；云南占比15.5%，比上年提升0.9个百分点；贵州占比12.1%，比上年回落0.3个百分点；海南占比2.8%，比上年回落0.1个百分点。2011—2020年南方五省区用电量占比如图4-34所示。

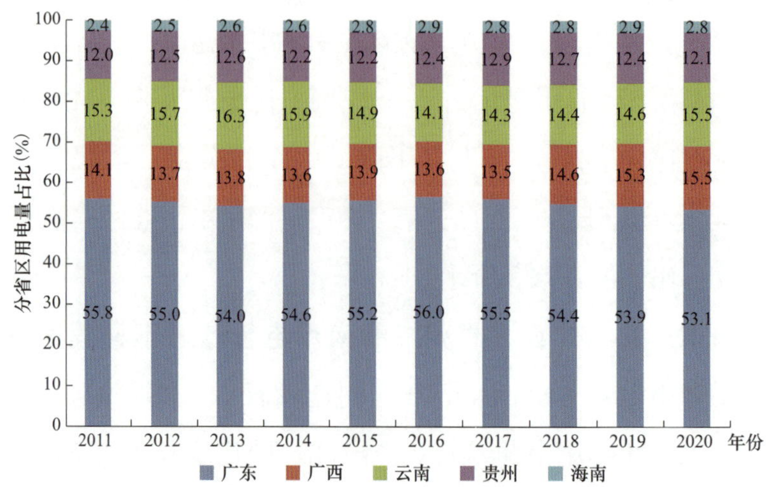

图 4-34　2011—2020年南方五省区用电量占比

4.6.2　南方五省区电力供应

南方五省区装机总量快速增长，清洁化水平进一步提升。2020 年底，全网发电装机容量 3.8 亿 kW，同比增长 10.3%，增速同比提升 4.6 个百分点。其中，火电装机 1.8 亿 kW，同比增长 7.6%，占装机总量 46.0%，比 2019 年下降 1.1 个百分点；水电装机 1.3 亿 kW，同比增长 6.6%，占比 35.0%，比 2019 年下降 1.1 个百分点；核电装机 0.2 亿 kW，与 2019 年持平，占比 5.1%，比 2019 年下降 0.6 个百分点；非水可再生能源装机 0.5 亿 kW，同比大幅增长 38.6%，占比 13.9%，比 2019 年提升 3.0 个百分点。2011—2020 年南方五省区发电装机容量及增速如图 4-35 所示，2011—2020 年南方五省区电源装机结构如图 4-36 所示。

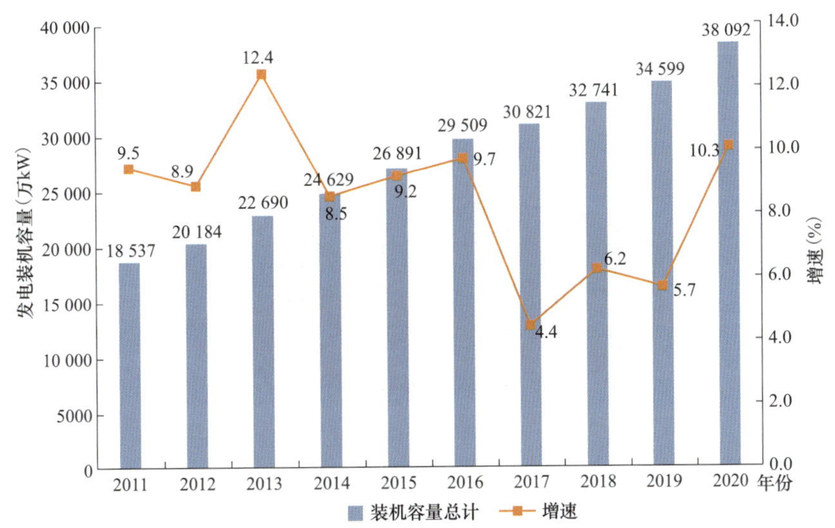

图 4-35　2011—2020 年南方五省区发电装机容量及增速

数据来源：南方电网

广东新增装机最多，广西、云南、贵州新增装机主要为可再生能源。分省看，2020 年底广东装机总量 14 103 万 kW，同比增长 10.5%，其中火电新增装机最多，对本省新增装机贡献率高达 70.6%；广西装机总量 5147 万 kW，同比增长 12.2%，其中风电新增装机贡献率 66.9%；云南装机总量 10 338 万 kW，同比增长 7.0%，其中水电新增装机贡献率 90.4%；贵州装机

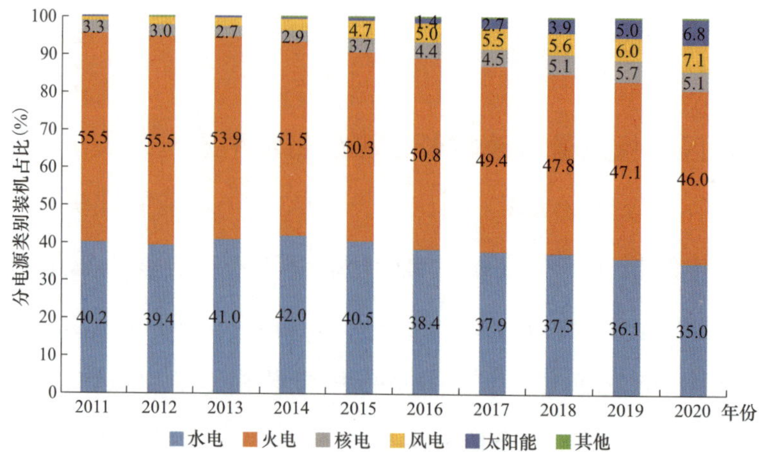

图 4-36　2011—2020 年南方五省区电源装机结构

数据来源：南方电网

总量 7478 万 kW，同比增长 13.3%，其中太阳能新增装机贡献率 62.2%；海南装机总量 1026 万 kW，同比增长 11.7%，新增装机全部为火电。2020 年南方五省区装机容量区域分布如图 4-37 所示。

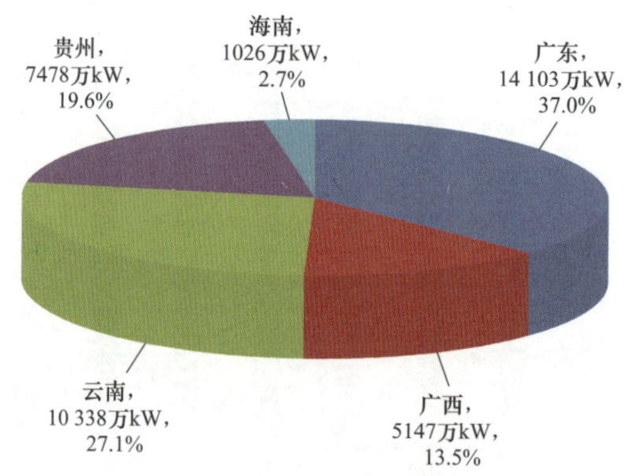

图 4-37　2020 年南方五省区装机容量区域分布

数据来源：南方电网

非水可再生能源发电量占比进一步提升。2020 年，全网发电量 13 336 亿 kWh，同比增长 4.7%，增速同比回落 2.6 个百分点。其中，火电发电量 6440 亿 kWh，同比增长 5.1%，占发电总量的 48.2%，占比较上年小幅回升 0.2 个百分点；水电发电量 4709 亿 kWh，同比增长 1.6%，增速回落 3.7 个百分点，占发电总量的 35.4%；核电发电量 1425 亿 kWh，同比增长 3.7%，增速回落 17.3 个百分点，占发电总量的 10.7%；非水可再生能源

发电量 763 亿 kWh，同比增长 25.6%，占发电总量的 5.7%，占比较上年提升 1.0 个百分点。2011—2020 年南方五省区发电总量及增速如图 4-38 所示，2011—2020 年南方五省区分电源类别发电量占比如图 4-39 所示。

图 4-38　2011—2020 年南方五省区发电总量及增速

数据来源：南方电网

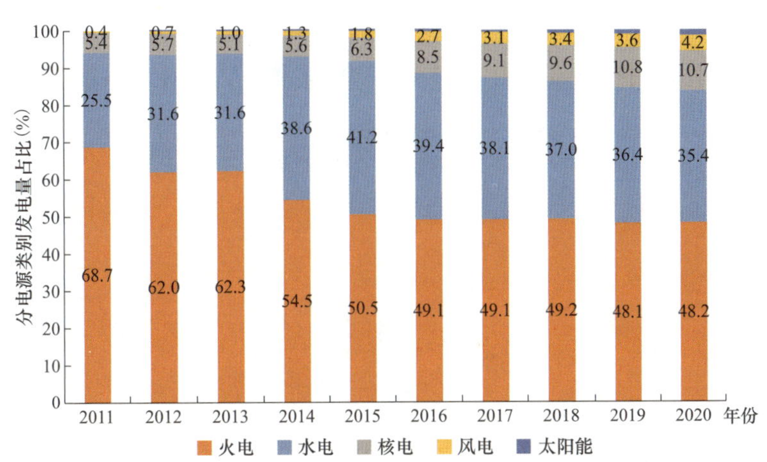

图 4-39　2011—2020 年南方五省区分电源类别发电量占比

数据来源：南方电网

广西、云南发电增速高于全网平均水平。分省看，2020 年广东发电量 5048 亿 kWh，同比增长 4.1%；广西发电量 1935 亿 kWh，同比增长 5.9%；云南发电量 3678 亿 kWh，同比增长 6.2%；贵州发电量 2327 亿 kWh，同比增长3.1%；海南发电量347亿kWh，同比增长0.6%。2020年南方五省区发电量及占比如图4-40所示。

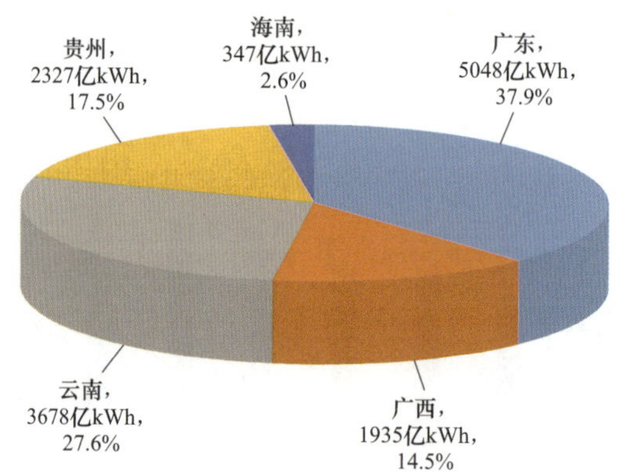

图4-40　2020年南方五省区发电量及占比

数据来源：南方电网

风电利用小时数显著提升，高于全国水平。2020年，全网6000kW及以上电厂发电设备利用小时数3799h，同比下降13h，高于全国水平41h。其中，水电3826h，同比提高58h，低于全国水平390h；核电7261h，同比降低362h，低于全国水平192h；火电3821h，同比提高21h，低于全国水平6h；风电2390h，同比提高106h，高于全国水平317h。全国及南方五省区6000kW及以上电厂发电设备利用小时数如图4-41所示。

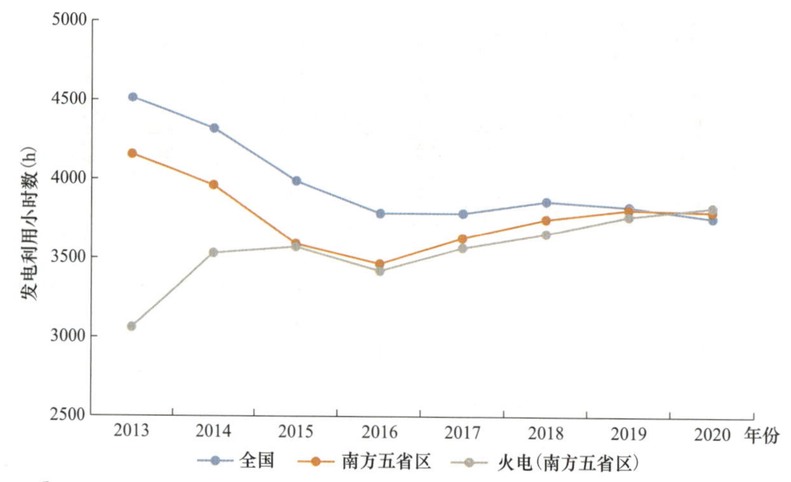

图4-41　全国及南方五省区6000kW及以上电厂发电设备利用小时数

数据来源：中国电力企业联合会、南方电网

4.6.3　南方五省区电力供需平衡情况

南方五省区电力供需总体平衡。分省看，广东、贵州、海南电力供需基本平衡，广西电力供应偏紧，云南电力供需总体平衡，弃水问题基本解决。2011—2020 年南方五省区发/用电情况如图 4-42 所示，2020 年南方五省区发/用电情况如图 4-43 所示。

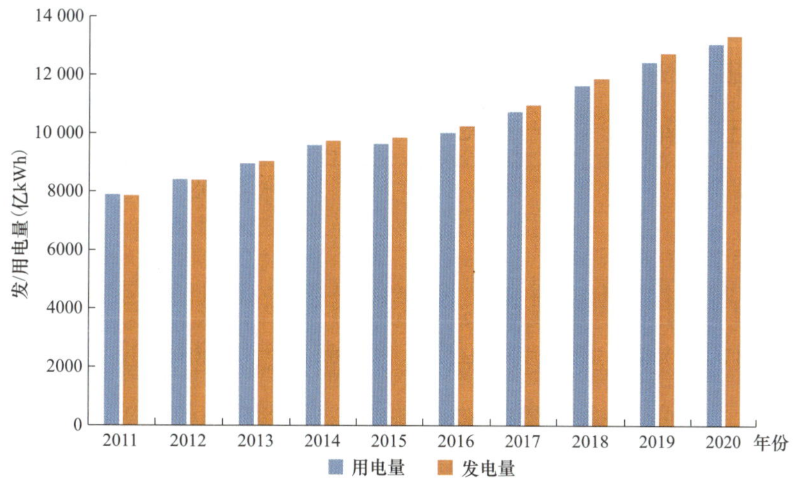

图 4-42　2011—2020 年南方五省区发/用电情况

数据来源：南方电网

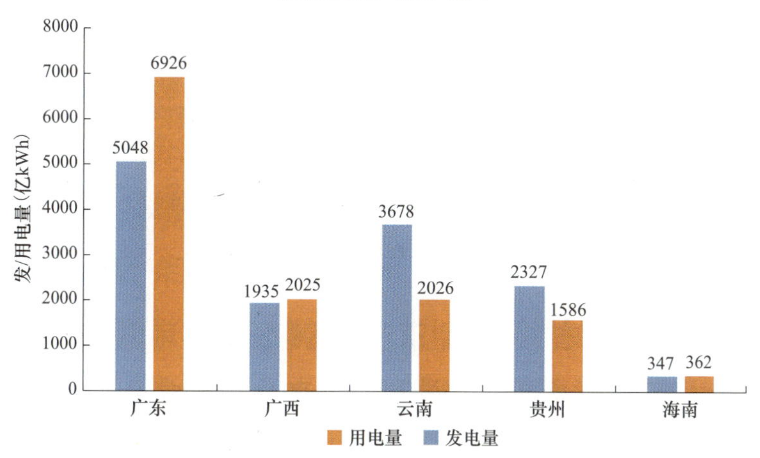

图 4-43　2020 年南方五省区发/用电情况

数据来源：南方电网

第 5 章

能源供需展望

全球能源价格大幅上涨，能源供需紧张形势加剧。2021 年以来，多国遭遇能源供应问题，出现能源短缺的局面，一次能源价格持续上涨，同时，市场投机行为也可能加剧了价格的波动。截至 10 月上旬，全球原油价格上涨了 65%，美国 WTI 原油期货在 10 月初触及七年高位；欧洲天然气价格创新高，被视为西欧天然气价格风向标的荷兰 TTF 天然气期货 10 月 5 日一天飙升 22%，收报 117.9 欧元/MWh，创出历史新高，年内涨幅接近 6 倍，成为年内涨幅最大的大宗商品之一；中国秦皇岛港 5500 大卡电煤价格逼近 2500 元/t，较年初上涨超过 3 倍。2020—2021 年全球原油现货及期货价格如图 5-1 所示，2020—2021 年伦敦国际石油交易所（IPE）英国天然气期货结算价如图 5-2 所示，2020—2021 年中国动力煤现货及期货价格如图 5-3 所示。

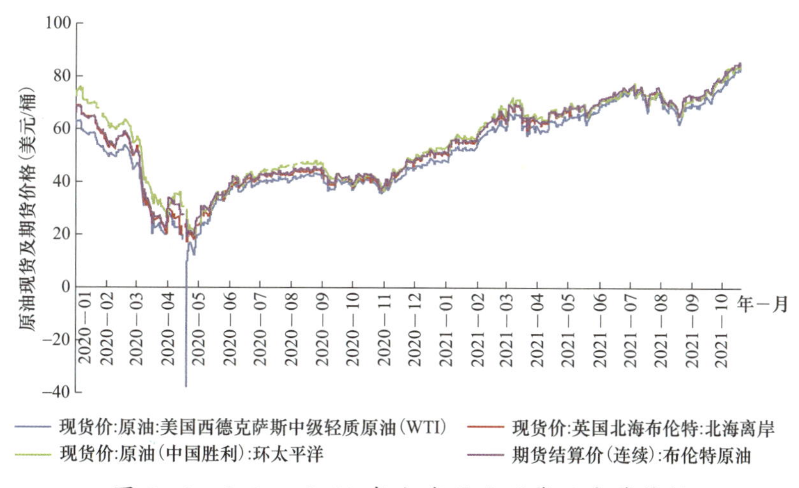

图 5-1　2020—2021 年全球原油现货及期货价格

数据来源：万得资讯（WIND）

本轮全球能源价格全面上涨反映了全球能源供应面临紧张局面，这给疫后经济复苏带来了新的困难与挑战。主要原因可以归结为以下几个方面：疫后全球经济生产活动复苏、交通物流需求增加，能源需求的增长快于能源供应的恢复；碳中和大背景下，能源转型中化石能源过快退出；全球流动性过剩引发大宗商品价格全面上涨；全球海运能力紧张，能源运输能力受限、成本上升。在全球一次能源价格上涨、能源供应紧张的背景下，我国能源供需也面临着严峻挑战，供需两侧影响因素都在发生变化。

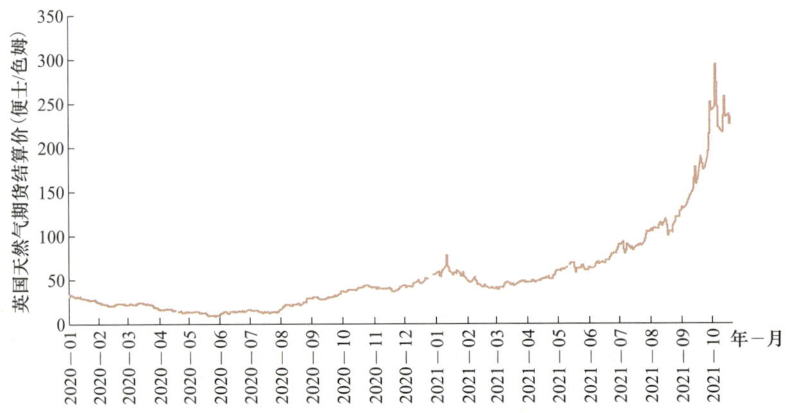

图 5-2　2020—2021 年伦敦国际石油交易所（IPE）英国天然气期货结算价

数据来源：万得资讯（WIND）

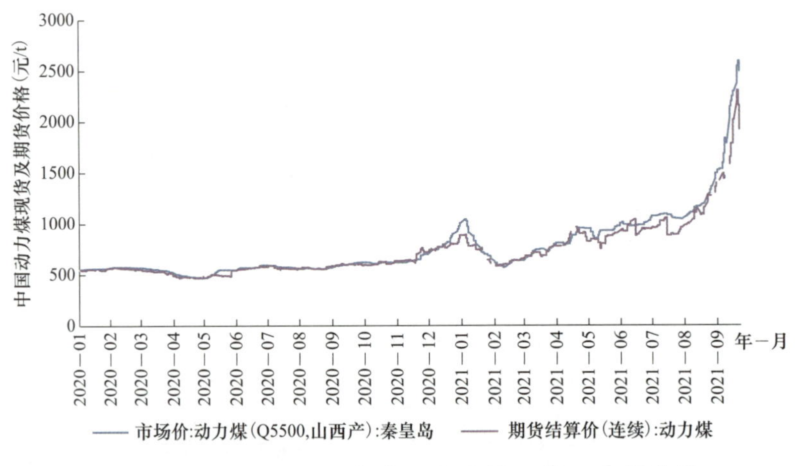

图 5-3　2020—2021 年中国动力煤现货及期货价格

数据来源：万得资讯（WIND）

5.1　影响我国能源供需的主要因素分析

5.1.1　宏观经济

我国经济总体延续稳定恢复态势，进出口快速增长，工业生产稳中有进。前三季度，我国 GDP 同比增长 9.8%，两年平均增长 5.2%；其中，一

季度、二季度、三季度同比分别增长 18.3%、7.9%、4.9%；分产业看，第一、二、三产业增加值同比分别增长 7.4%、10.6%、9.5%。货物进出口总额同比增长 22.7%，其中，出口同比增长 22.7%，进口同比增长 22.6%。工业生产持续增长，全国规模以上工业增加值同比增长 11.8%。2020—2021 年前三季度我国 GDP 总量及增速如图 5-4 所示。

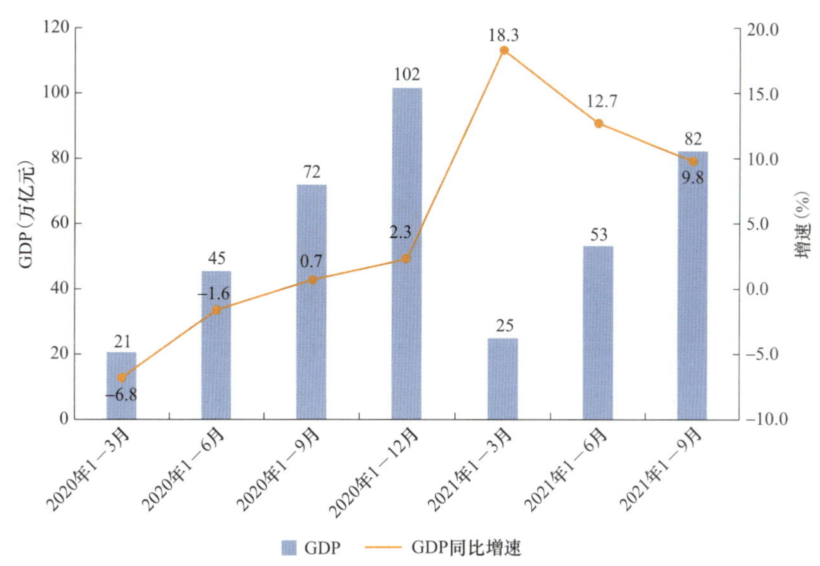

图 5-4 2020—2021 年前三季度我国 GDP 总量及增速

数据来源：国家统计局

受全球疫情扩散蔓延、国内疫情反复、大宗商品价格上涨等多重因素影响，经济转型调整压力有所显现。一是制造业 PMI 自 3 月起逐月下降，9 月制造业 PMI 为 49.6%，降至临界点以下，环比下降 0.5 个百分点。二是消费领域价格总体平稳，生产领域价格涨幅有所扩大，PPI 创新高，CPI 持续低位，PPI-CPI 剪刀差面临进一步走高压力。2020—2021 年前三季度我国制造业 PMI 指数如图 5-5 所示。

经济增长带动能源需求上升，供应侧承载压力。综合多方面机构及专家观点，预计 2021 年四季度我国 GDP 增速为 4%～5%，全年 GDP 增速有望保持在 8%以上。经济的增长带动能源需求反弹上升，数据显示，2021 年

1—9月，我国能源消费同比增长7.3%，能源消费需求反弹，短期内能源供应能力成为制约能源消费的主要因素。

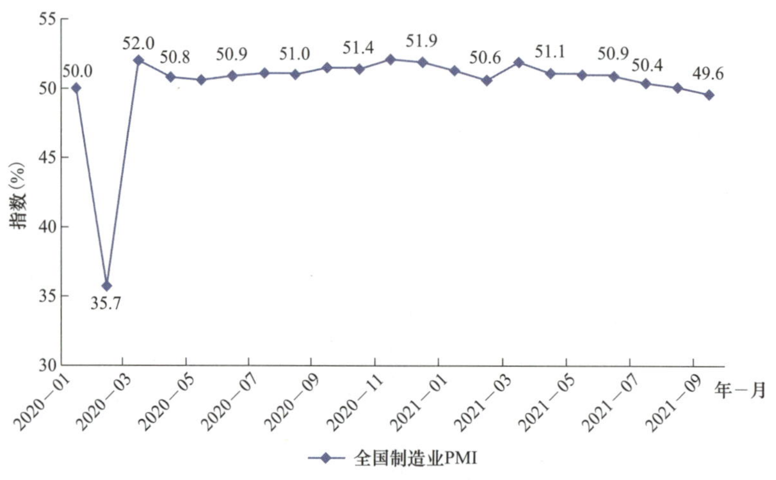

图5-5　2020—2021年前三季度我国制造业PMI指数

数据来源：国家统计局

5.1.2　一次能源供应

（1）煤炭。受国内经济复苏强劲、国际能源供应紧张、港口海运运输成本增加等因素影响，煤炭价格大幅上涨。今年来，我国经济持续稳定复苏，煤炭需求恢复强劲，其中用电量快速增长带动发电用煤需求旺盛；另外，国际一次能源供应紧张，欧洲“缺气”引发替代品煤炭需求量上升，大宗商品大幅涨价，叠加主要煤炭出口国产量下降等影响，动力煤价格持续创历史新高。

短期国内煤炭供应能力有所增强，保供稳价工作发挥成效，中长期看煤炭供应平稳发展，淘汰落后产能成果持续巩固。随着国家调整煤电价格允许浮动范围、召开煤炭企业座谈会、印发《关于全力做好当前能源供应保障工作的通知》《关于进一步做好今冬明春煤炭增产增供工作的通知》等一系列工作的实施，预计我国煤炭供应未来短期内将有一定增量，煤炭保供稳价将取得成效。国际上，随着北半球迎来冬季用煤和用电高峰，北半球用煤需求

恐进一步上升，支撑国际煤炭价格继续上涨。考虑到印尼、俄罗斯和蒙古等出口国产量下降、出口收窄、运输、疫情等原因，今冬明春我国煤炭进口存在一定的不确定性。中长期看，我国将持续巩固去产能成果、培育发展优质先进产能、严控煤炭消费增长和煤电装机规模，预计煤炭供应能力平稳健康发展，煤炭供给结构不断优化。

（2）石油。我国石油对外依存度高，石油生产增速不及消费。2021年上半年，我国原油生产9932万t，同比增长2.4%，两年平均增长2.0%；实际石油消费量达到3.45亿t，同比增长10.5%，两年平均增长0.6%，其中，成品油实际消费量为1.87亿t，同比增长10.5%，两年平均增长0.6%。石油生产增速不及消费增速，对外依存度进一步扩大。

主要石油生产国持续控制原油产量，国际油价上涨可能性较大。OPEC+产油国联盟控制10月4日在第21届OPEC+部长级会议闭幕后发布公告称，将坚持2021年7月18日第19届OPEC+部长级会议批准的产量调整计划，不会超量增产来缓解供应荒。同时，OPEC+总体减产计划的结束日期仍将从明年4月顺延至明年12月，顺延期允许沙特、俄罗斯等部分成员国“补偿增产”。石油供应侧控制产量叠加国际海运价格高位运行，国际油价恐难下跌。

（3）天然气。国产天然气产量增长不抵强劲需求，天然气进口同比快速增长。尽管近两年我国国产天然气大幅增产，但仍远不及消费量的增速。2021年上半年，我国天然气产量1043亿m^3，同比增长10.0%；天然气表观消费量1860亿m^3，同比增长达15.8%；天然气进口量843亿m^3，同比增长23.8%。在天然气对外依存度较高的形势下，国际市场波动对于我国天然气市场的影响较大。

受地缘政治因素、全球海运能力紧张影响，天然气供应紧张局面仍将持续。欧盟天然气消费高度依赖俄罗斯进口，占其天然气总进口量的48%以上。2021年以来，多方面原因导致俄罗斯对欧盟天然气出口增幅不足，是造成欧盟天然气价格暴涨的主要原因，从而影响全球天然气价格与供应。受地缘政治等因素影响，短期内俄罗斯对欧盟天然气出口增长空间有限。另外，LNG天然气对海运价格敏感，当前全球海运能力紧张，海运价格屡创新高，LNG船队运力相对不足，供应链瓶颈突显，短期内难以完全好转。结合季节特征等因素，国际天然气价格上涨趋势短期难改，供应紧张局面仍将持续。

5.1.3 碳达峰与碳中和目标

“双碳”目标下，能源供需两侧都将发生深刻的变化。2020年中国明确提出2030年“碳达峰”与2060年“碳中和”目标。2021年10月24日，《中共中央 国务院关于完整准确全面贯彻新发展理念做好碳达峰碳中和工作的意见》正式发布，对指导我国能源行业发展具有重大意义，将对能源供需两侧产生深刻影响。践行碳达峰碳中和战略，能源是主战场，电力是主力军。从供应侧看，“双碳”目标将显著提速新能源发展，大幅提升新能源发电占比，各类电源的定位作用发生转变。从需求侧看，“双碳”目标一方面加速推进电能替代，促使电能占终端能源消费比重进一步提升，拉动电力需求；另一方面节约能源成为经济社会发展的重要考量，产业结构深度调整，用能结构也将持续优化升级。

5.2 2021—2022年我国能源供需形势展望

综合来看，目前国内疫情进入常态化防控阶段，国外疫情因德尔塔等变异株出现反复，国内经济保持复苏但增速明显放缓。综合考虑宏观经济、国际能源供应形势、政策影响等因素，对我国2021年和2022年能源生产消费情况预测如下：

预计2021—2022年能源消费总量保持增长，其中2021年受基数因素与经济复苏因素叠加影响，增速将明显反弹。预计2021年能源消费总量约为53.0亿t标准煤，同比增长6.5%，增速同比上升4.3个百分点；2022年能

源消费总量约 54.6 亿 t 标准煤，同比增长 3.0%。

预计 2021 年能源生产增速低于消费增速，短期供需矛盾可能较为突出。预计 2021 年能源生产总量约为 43.2 亿 t 标准煤，同比增长 6.0%，增速同比提升 3.2 个百分点，低于能源消费预测增速 0.5 个百分点，能源供应缺口达 9.8 亿 t 标准煤左右，比上年扩大 0.8 亿 t 左右；2022 年能源生产总量约 44.6 亿 t 标准煤，同比增长 3.3%。

5.2.1 煤炭

预计 2021 年我国原煤产量约为 41.0 亿 t，同比增长 5.1%；2022 年原煤产量约 41.8 亿 t，同比增长 2.1%。我国原煤产量预测如图 5-6 所示。

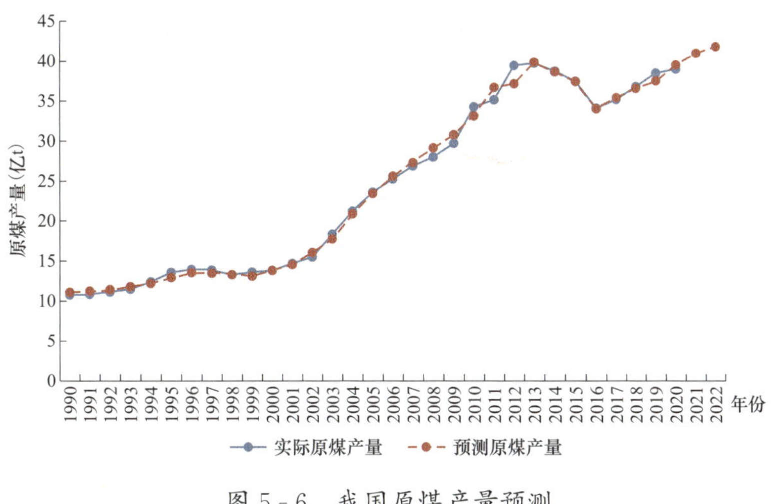

图 5-6 我国原煤产量预测

2021 年原煤消费量预计继续上升，全年消费量约为 42.7 亿 t，同比上升 6.0%；2022 年原煤消费量约 43.3 亿 t，同比上升 1.4%。我国原煤消费量预测如图 5-7 所示。

随着煤炭需求的回升，叠加国际大宗能源原材料价格上涨等因素，预计 2021 年煤炭供应整体偏紧，短期可能出现严重偏紧情形；2022 年随着煤炭保供政策成效的逐步显现，煤炭供需紧张将有所缓和。2021—2022 年我国煤炭供需形势预测如图 5-8 所示。

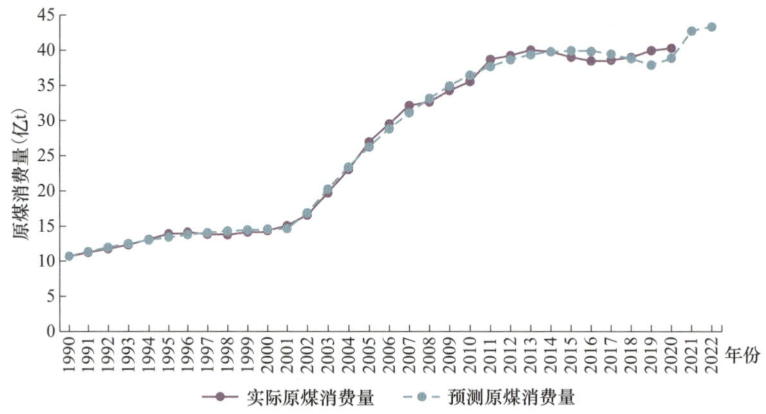

图 5-7　我国原煤消费量预测

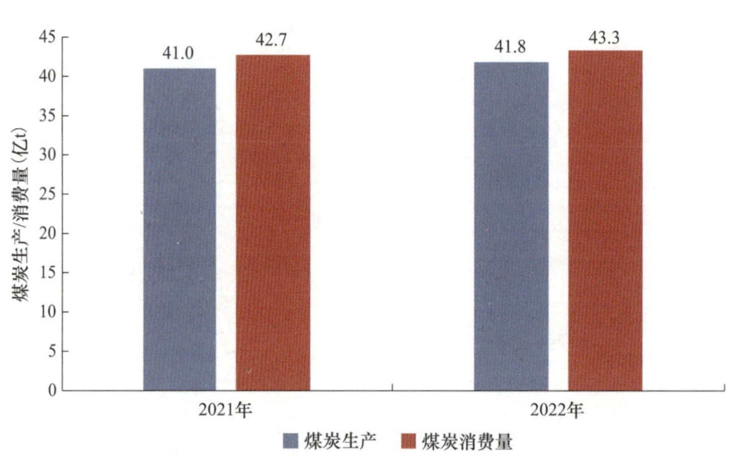

图 5-8　2021—2022 年我国煤炭供需形势预测

5.2.2　石油

油气勘探开发“七年行动计划”持续推进，拉动原油产能提升。预计 2021 年我国原油产量约 2.0 亿 t，同比增长 2.3%；2022 年原油产量约 2.1 亿 t，同比增长 2.7%。我国原油产量预测如图 5-9 所示。

预计 2021 年全年原油消费量约为 7.2 亿 t，同比增长 4.3%；2022 年原油消费量约 7.5 亿 t，同比增长 4.2%。我国原油消费量预测如图 5-10 所示。

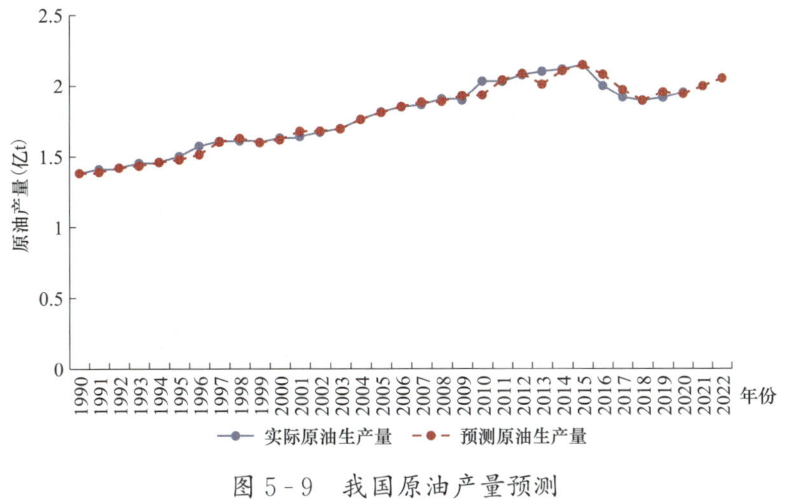

图 5-9　我国原油产量预测

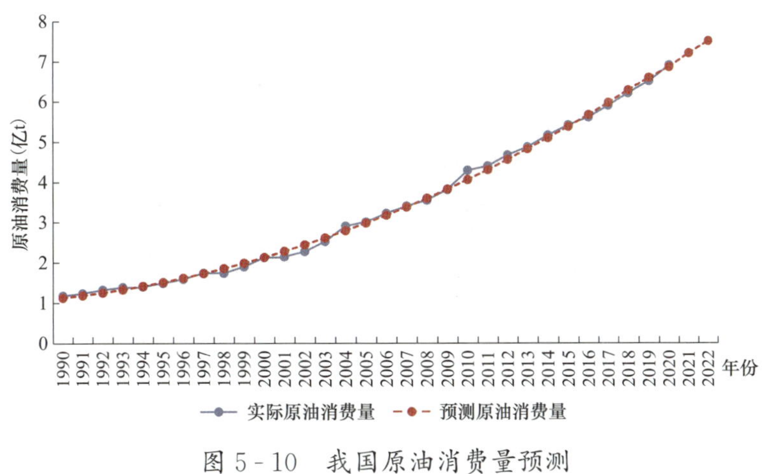

图 5-10　我国原油消费量预测

原油进口需求维持在较高水平。原油消费增速快于原油生产，在国内原油零出口情况下，原油进口量将继续攀升。2021—2022 年我国原油供需形势预测如图 5-11 所示。

成品油供应形势整体仍较宽松。受疫情有效防控需求持续恢复影响，预计 2021 年成品油产量约 3.6 亿 t，同比增长 9.1%；成品油消费量上升至 3.3 亿 t 左右，同比上升 13.8%。2022 年成品油产量达到 3.8 亿 t 左右，同比增长 5.5%；成品油消费量约 3.5 亿 t，同比增长 6.0%。2021—2022 年我国成品油供需形势预测如图 5-12 所示。

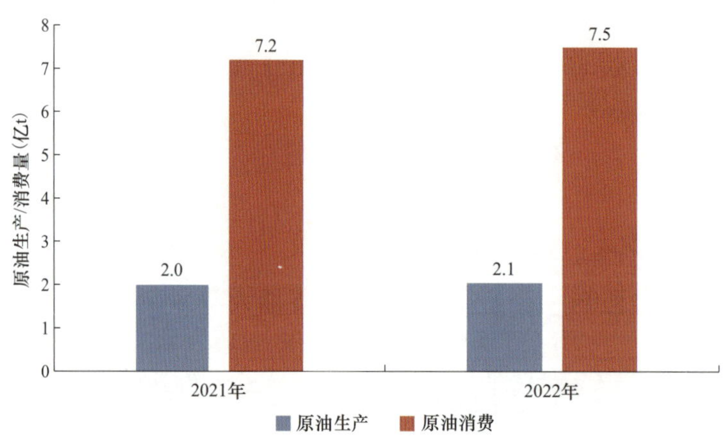

图 5 - 11　2021—2022 年我国原油供需形势预测

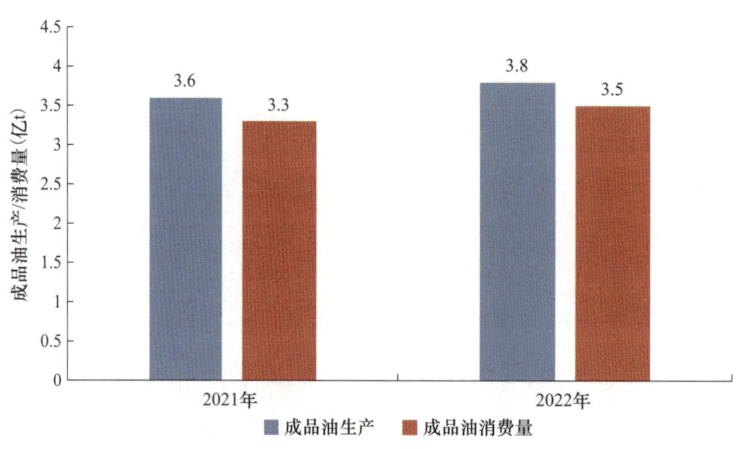

图 5 - 12　2021—2022 年我国成品油供需形势预测

5.2.3　天然气

预计 2021 年我国天然气生产保持增长，产量达 2122 亿 m^3 左右，同比增长 10.2%；2022 年天然气产量约 2311 亿 m^3，同比增长 8.9%。我国天然气产量预测如图 5 - 13 所示。

预计 2021 年天然气消费量约为 3595 亿 m^3，同比增长 9.6%；2022 年天然气消费量约 3898 亿 m^3，同比增长 8.4%。我国天然气消费量预测如图 5 - 14 所示。

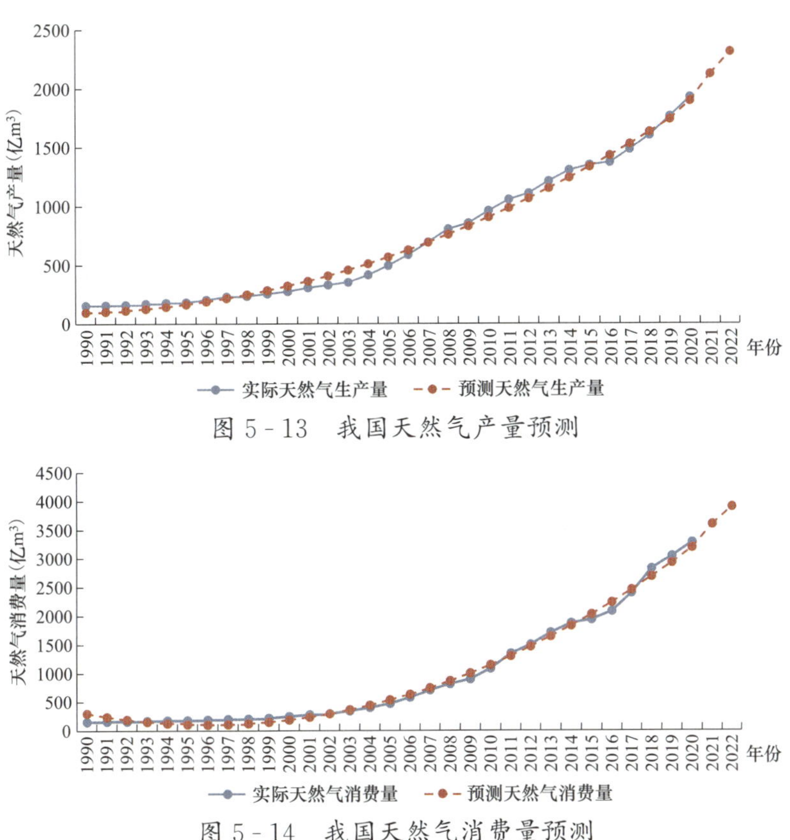

图 5-13 我国天然气产量预测

图 5-14 我国天然气消费量预测

天然气生产与消费之间仍存在较大缺口。在国内天然气近零出口的情况下，2021 年天然气缺口约为 1474 亿 m^3，同比增加 71 亿 m^3；2022 年天然气缺口约 1588 亿 m^3，同比增加 114 亿 m^3。2021—2022 年我国天然气供需形势预测如图 5-15 所示。

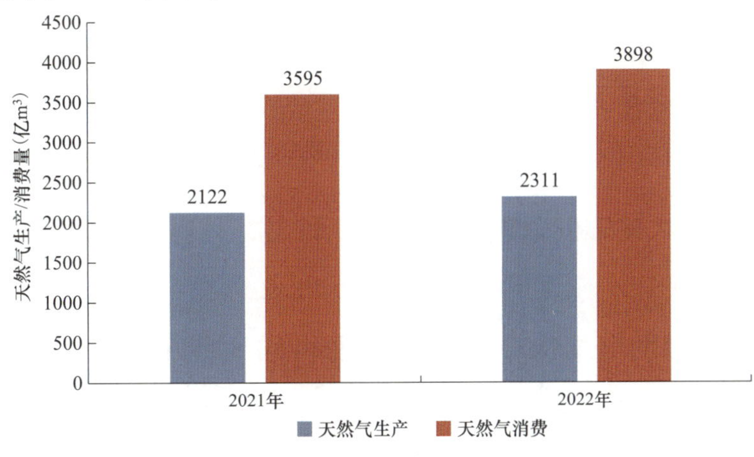

图 5-15 2021—2022 年我国天然气供需形势预测

5.2.4 电力

全社会用电量强势反弹后将逐渐恢复刚性增长。预计2021年我国经济延续稳定恢复态势，叠加去年同期低基数效应、电能替代等因素，以及碳达峰碳中和目标对行业用电需求的影响，全年全社会用电量将达到8.3万亿kWh左右，同比增长10.0%；2022年全社会用电量约为8.7万亿kWh，同比增长5.2%。我国全社会用电量预测如图5-16所示。

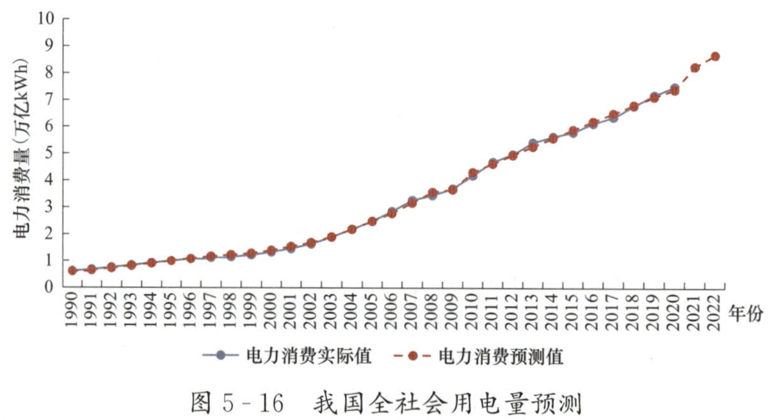

图5-16 我国全社会用电量预测

全国电力供需总体偏紧，部分地区电力供需形势紧张。考虑一次能源供应紧张、电力消费快速增长等因素，预计2021年全国发电量约为8.3万亿kWh，同比增长8.8%；2022年全国发电量约8.7万亿kWh，同比增长5.0%。发电增速难以匹配用电增速，电力供需形势偏紧，部分地区短期供需形势严峻，存在区域性、时段性供需矛盾。

清洁能源发电量占比继续提升。从发电结构来看，预计2021年火电发电量约5.7万亿kWh，占发电总量的69.1%；水电发电量约1.3万亿kWh，同比下滑3.4%，占发电总量的15.9%；核电、风电等其他能源发电占比进一步提升，预计全年发电量总计约为1.2万亿kWh，占发电总量的15.0%。2022年发电结构中，火电占比67.4%，水电占比16.2%，核电、风电等其他能源占比16.4%。2021—2022年发电量占比预测如图5-17所示。

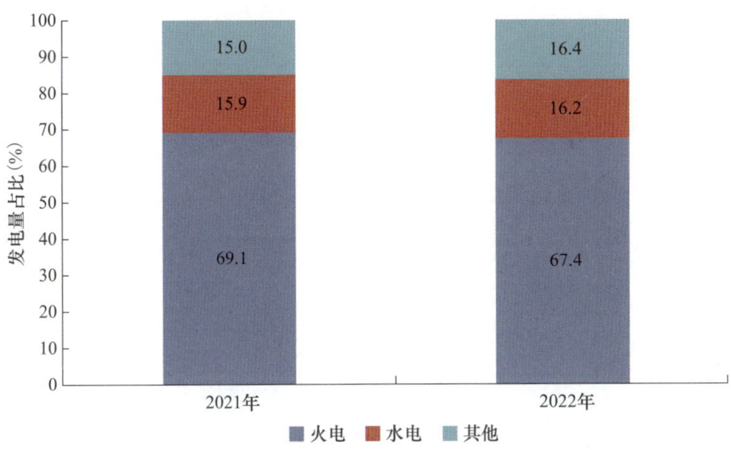

图5-17 2021—2022年我国发电量占比预测

第 6 章

我国能源行业未来发展形势及建议

6.1　能源行业未来发展趋势研判

当前我国经济正在加快形成“双循环”新发展格局，从供需两侧促进社会经济实现高质量发展。同时，全球碳中和加速推进，我国承诺将在 2030 年前实现碳达峰目标，推动我国能源供需格局加快转变。

“十四五”期间能源清洁低碳转型力度加大。综合各机构研究，本报告认为我国一次能源消费总量预计 2030 年左右达峰，之后进入平台期，呈缓慢下降趋势，终端能源消费预计在 2025—2030 年达峰。能源消费是我国碳排放的最主要来源，为实现碳达峰的目标，“十四五”期间将加大能源行业清洁低碳转型力度。预计“十四五”期间我国能源需求将保持低速增长，2025 年非化石能源消费占比达到 20%左右，比《能源生产和消费革命战略（2016—2030）》中原定目标提前 5 年实现；到 2030 年，非化石能源消费比重达到 25%左右。“十四五”期间，预计能源供应保障难度增加，区域性、时段性供需矛盾仍然存在。

具体来看，未来我国能源发展将呈现以下特点：

（1）清洁能源进入发展新阶段，电力系统灵活性资源需求显著提升。

1）能源供给侧将围绕减煤、控油、增气、跨越式发展可再生能源来实现低碳转型。延续“十三五”期间可再生能源发展的良好态势，未来我国将继续优先发展、利用可再生能源，集中开发与分散利用并举，全面加速风电、光伏等新能源开发，预计到 2030 年新能源装机超过 12 亿 kW。进一步提升煤炭清洁化利用水平，严格限制新增煤电装机，引导煤电机组从基荷为主向调峰电源转变，煤电发电量占比将进一步降低。

2）电力系统灵活性资源结构向多元化发展。新能源大量接入对电力系统安全性提出更高的要求，提升电力系统灵活性成为未来能源行业发展面临的关键问题之一。预计“十四五”期间煤电灵活性改造提速推进，成为电网安全可靠运行的重要支撑；储能步入规模化发展阶段，与电动汽车有序充放电、需求侧响应、电热冷气氢系统协同控制等均将成为灵活性资源的提供者。

（2）终端能源电气化率大幅提高，能源消费者角色加速转变。

1）电气化率提升推动能源利用效率大幅提高。终端能源消费中，电能利用效率最高，可达90%以上。随着能源清洁低碳转型持续推进，电能替代作为提高能源利用效率、降低能源消费碳排放水平的重要途径，实施力度持续加大，电能占终端能源消费的比重将继续提升。

2）能源消费者角色加快从被动接受向主动参与转变。随着分布式可再生能源、分布式储能、电动汽车等规模持续扩大，以及需求响应机制逐渐完善，能源消费者与供应者的关系加速从单向供需关系向双向互动模式转变。产销用一体化模式更为成熟，更多能源消费者可以根据市场信号主动调整自身用能行为，实现角色切换，向系统反向输送能量、参与电力系统调峰等辅助服务。

（3）绿色能源完整产业链加快形成。能源领域核心技术将加快突破，绿色能源技术和产业竞争力持续提升。我国将深入贯彻创新驱动发展战略，聚焦绿色能源战略制高点，持续攻克动力电池技术、燃料电池关键材料、海上风电、可再生能源制氢等关键技术，有效解决各科技领域产业链中的断点、堵点问题，推进相关领域装备和技术国产化，加快形成完整的绿色能源全产业链。

（4）能源要素市场化配置能力提升。“十四五”期间我国将加快推进全国碳排放交易市场建设，预计发电行业将率先纳入碳交易范围，钢铁、水泥、化工、电解铝等重点行业加快纳入，以市场化手段促进电源结构优化和地区经济调整，推动能源生产消费结构和区域供需格局变革。发电行业纳入碳交易市场后，煤电企业利润空间被压缩，煤电商业模式加速重构，同时倒逼电力辅助服务市场建设提速推进，以适应非化石能源大规模接入。

（5）能源合作重点向绿色产业转移。我国将进一步加强与“一带一路”

国家能源合作，持续扩大能源领域对外开放，加强基础设施建设互联互通，提升贸易和投资自由化、便利化水平，有助于形成以新能源、油气、电动汽车等高新技术产业为突破口的新一代合作格局，推动合作重点从以化石能源为主向以新能源为主转变，从以产品出口为主向能源装备、技术、标准、服务“四位一体”的更高层次转变。

（6）能源供应安全保障面临更大挑战。“十四五”是我国实现碳达峰的关键窗口期，我国能源发展面临的最大挑战是统筹处理好低碳转型与满足经济社会发展需求、保障安全的关系。首先，我国油气资源短板依然突出，碳达峰和碳中和目标下能耗“双控”要求趋紧，能源安全供应及抗风险能力亟须加强。其次，间歇性、波动性新能源接入规模增大，三产及居民用电比重持续提升，电动汽车、数据中心等新兴负荷加快增长，负荷特性的不确定性增大，电力供应保障难度增加。

6.2　能源电力行业有关应对策略及建议

（1）加快能源储备能力建设，深化能源市场化改革。尽快完善国家煤炭应急储备体系，进一步加强油气储备设施建设和电力系统风险防范能力，提升能源应急保障能力。针对煤炭、天然气等一次能源价格波动情况，加强国内一次能源价格调控，建立上下游价格联动机制，加强能源行业监管力度。不断完善煤炭中长期合同制度，加快气价改革，积极探索创新成品油和天然气市场化交易模式。

（2）促进能源协同发展，提升能源安全供应保障能力。统筹推进构建清洁低碳、绿色高效的能源体系，推动化石能源清洁利用与多品种新能源协调发展，加强区域能源协同规划，增强我国能源供应安全的韧劲和弹性。针对我国一次能源需求超预期增长等不确定性因素带来的短期供给短缺问题，在推动煤炭行业供给侧结构性改革的过程中适度保持煤炭供给弹性。

（3）助力能源低碳转型，加快构建灵活高效新型电力系统。加强新发展格局叠加碳排放约束对我国能源电力行业影响研究，建设适应源网荷储充分互动、新能源大规模接入的新型电力系统。做好新能源与保底稳供电源规划，提升电力系统运行弹性和抗风险能力。加快构建适应大规模新能源发展的电力产供储销体系，保障电力安全可靠。加快推进现货市场、区域电力市场建设，完善适应新能源大范围优化配置的市场化机制。

（4）发挥电网企业平台作用，促进能源产业价值链高质量发展。利用电网企业对于上游设备供应链商以及下游售电公司、综合能源公司的供应链整合优势，充分发挥电网企业平台作用，促进能源行业抓住机遇、团结合作，加快绿色供应链建设，不断增强产业链供应链稳定性和竞争力，推动能源产业链发展向高质量迈进。

专题一

南方五省区高载能行业用电情况

一、我国高载能行业[1]发展及用电

我国四大高载能行业整体恢复较好，全年各行业工业增加值均保持正增长。一季度受新冠肺炎疫情影响，四大高载能行业生产受阻，行业增加值、投资等低位运行，二季度起随着复工复产加速推进，主要指标持续回暖。工业增加值方面，2020 年，我国有色金属、黑色金属、非金属、化工行业同比分别增长 2.5%、6.7%、2.8%、3.4%，增速同比分别降低 6.7、3.2、6.1、1.3 个百分点。投资方面，有色金属、黑色金属、非金属、化工行业同比分别增长－0.4%、26.5%、－3.0%、－1.2%，其中有色金属、非金属、化工行业增速同比分别降低 9.8、1.6、5.4 个百分点，黑色金属行业增速同比提升 0.5 个百分点。利润方面，有色金属、黑色金属、非金属、化工行业同比分别增长 20.3%、－7.5%、2.7%、20.9%，其中有色金属、黑色金属、化工行业增速同比分别提升 19.1、30.1、46.5 个百分点，非金属行业增速同比降低 4.8 个百分点。

我国四大高载能行业用电量保持正增长。2020 年，我国四大高载能行业合计用电量同比增长 5.2%，占全社会用电量的 28.1%。分行业看，有色金属、黑色金属、非金属、化工行业用电量同比分别增长 4.3%、3.9%、3.9%、2.0%，增速同比分别提升 4.8、－0.6、－1.4、2.0 个百分点。

2020 年全国四大高载能行业主要指标同比增速见附表 1－1，2019—2020 年全国四大高载能行业主要运行指标累计同比增速如附图 1－1 所示。

---

[1] 高载能行业是指对资源（电力、水、天然气等自然资源及物耗等）需求量大的产业。在能源电力行业统计分析中，有色金属冶炼和压延加工业、黑色金属冶炼和压延加工业、非金属矿物制品业、化学原料和化学制品制造业均为高载能行业，一般统称为“四大高载能行业”。本报告中有色金属冶炼和压延加工业简称为有色金属行业，黑色金属冶炼和压延加工业简称为黑色金属行业，非金属矿物制品业简称为非金属行业，化学原料和化学制品制造业简称为化工行业。

附表 1-1　　2020 年全国四大高载能行业主要指标同比增速　　单位：%

行业分类	工业增加值	投资	利润	用电量
有色金属冶炼及压延加工业	2.5	-0.4	20.3	4.3
黑色金属冶炼及压延加工业	6.7	26.5	-7.5	3.9
非金属矿物制品业	2.8	-3.0	2.7	3.9
化学原料及化学制品制造业	3.4	-1.2	20.9	2.0

数据来源：国家统计局、中国电力企业联合会

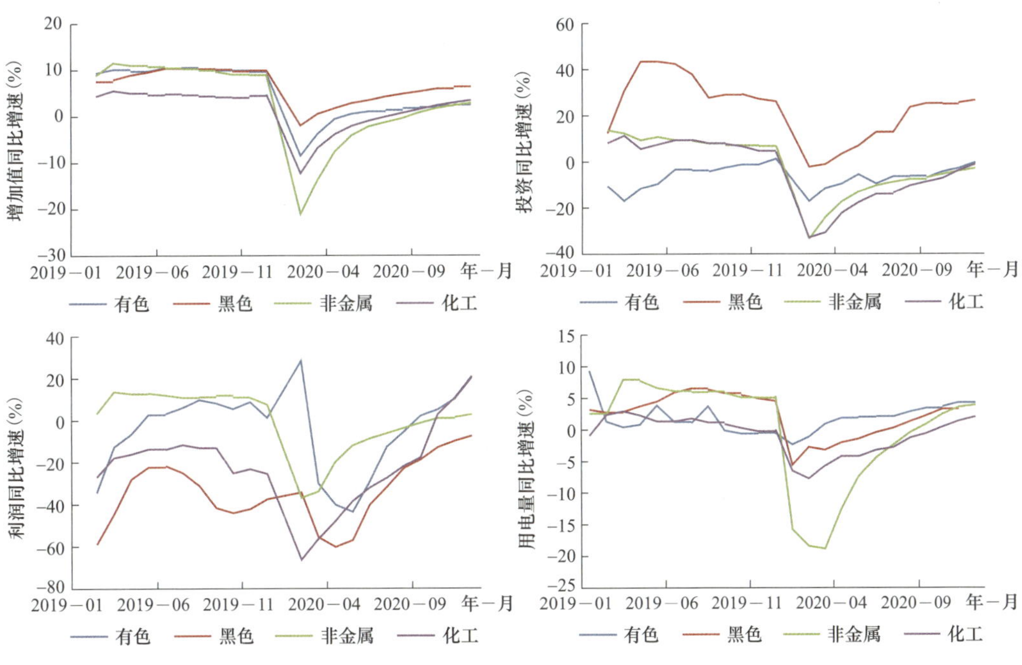

附图 1-1　2019—2020 年全国四大高载能行业主要运行指标累计同比增速

数据来源：国家统计局

二、南方五省区高载能行业发展

（一）高载能行业发展总体情况

南方五省区四大高载能行业持续恢复，广西、云南、贵州有色金属、黑色金属行业工业增加值增长较快。2020 年，广东有色金属、黑色金属、非金属、化工行业增加值同比分别增长 2.3%、2.9%、2.5%、0.1%，增速

同比分别提高4.4、－3.0、－7.2、－2.1个百分点；广西有色金属、黑色金属、非金属、化工行业增加值同比分别增长21.9%、34.8%、10.6%、－8.1%，增速同比分别提高2.2、24.0、3.3、－2.7个百分点；云南有色金属、黑色金属、非金属、化工行业增加值同比分别增长11.5%、11.8%、3.0%、－0.3%，增速同比分别提高6.6、－6.3、－7.9、－1.0个百分点；贵州有色金属、黑色金属、非金属、化工行业增加值同比分别增长16.3%、16.7%、0.1%、6.1%，增速同比分别提高－2.6、－4.4、2.0、9.6个百分点；海南非金属行业、化工行业增加值同比分别增长－5.8%、1.3%，增速同比分别提高5.2、－4.1个百分点。

南方五省区四大高载能行业用电量增长势头进一步增强。2020年，南方五省区四大高载能行业合计用电量同比增长8.6%，占全社会用电量的25.1%，年内用电增速逐渐提升。分行业看，有色金属、黑色金属、非金属、化工行业用电量同比分别增长15.0%、6.8%、2.8%、6.6%，增速同比分别变化－2.1、2.4、1.2、12.2个百分点。

2020年南方五省区四大高载能行业增加值、用电量同比增速见附表1-2，2019—2020年南方五省区四大高载能行业工业增加值及用电量累计同比增速如附图1-2所示。

附表1-2　2020年南方五省区四大高载能行业增加值、用电量同比增速

单位：%

行业分类	工业增加值					用电量
	广东	广西	云南	贵州	海南	
有色金属冶炼及压延加工业	2.3	21.9	11.5	16.3	—	15.0
黑色金属冶炼及压延加工业	2.9	34.8	11.8	16.7	—	6.8
非金属矿物制品业	2.5	10.6	3	0.1	－5.8	2.8
化学原料及化学制品制造业	0.1	－8.1	－0.3	6.1	1.3	6.6

数据来源：各省统计局、中国电力企业联合会

（二）重点产业发展情况

根据南方五省区产业特点，本报告选取了四大高载能行业中用电量比重

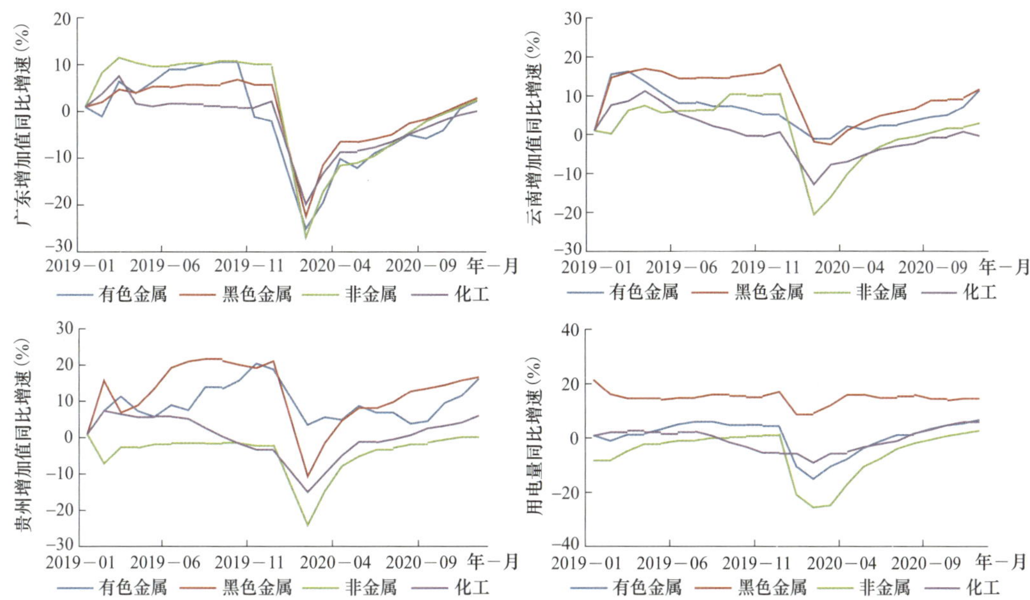

附图 1-2　2019—2020 年南方五省区四大高载能行业工业增加值及用电量累计同比增速

数据来源：国家统计局，由于广西、海南部分行业经济数据缺失，暂不展示

较大的电解铝、钢铁、水泥三种典型行业的现状及用电进行重点分析。在资源禀赋、区位条件等因素作用下，南方五省区高载能行业生产各具特色。近几年，电解铝行业在原材料、电力成本优势的刺激下，将产能转移至广西、云南两省区。钢铁行业企业向临港临海型布局，广东和广西区位优势明显。

南方五省区电解铝产量保持快速增长势头，云南产量大幅增加。2020 年，南方五省区电解铝新增产能仍然主要集中在云南、广西，其中云南新增产能占南方五省区的比重达到 80%，云南其亚、神火、云铝继续释放产能。2020 年，南方五省区电解铝产量 613 万 t，同比增长 21.1%，增速高于全国 16.2 个百分点，比上年提高 2.0 个百分点。其中，广西、云南和贵州产量同比分别增长-0.4%、35.7%和 7.1%。

南方五省区粗钢增速较 2019 年放缓。2020 年，面对新冠肺炎疫情的严重冲击，南方区域经济持续稳定恢复，钢铁行业发展总体平稳。2020 年，南方五省区粗钢产量为 8802 万 t，同比增长 3.7%，增速低于全国 1.5 个百分点，比上年降低 9.7 个百分点。

南方五省区水泥产量低位增长，增速低于全国。2020 年，云南、贵州、广西三省区新投产水泥熟料产能位居全国前三，合计产能 1466 万 t，广东新投产产能 310 万 t。2020 年，南方五省区水泥产量为 54 833 万 t，同比增长 0.6%，增速比全国低 1 个百分点，比 2019 年降低 2.9 个百分点。

2011—2020 年南方五省区高载能行业主要产品产量同比增速如附图 1-3 所示。

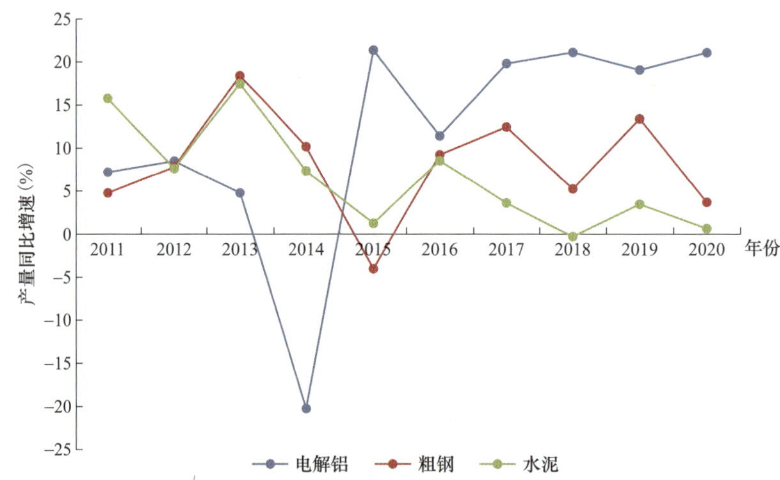

附图 1-3　2011—2020 年南方五省区高载能行业主要产品产量同比增速

数据来源：国家统计局

三、南方五省区高载能行业与电力的关系

“十三五”期间，随着技术的不断进步和环保压力增强，高载能行业电耗总体呈现下降趋势，降耗空间逐步收窄。

电解铝单位产品电耗高[1]，对电价较为敏感，近年来产能逐步转移至电力资源丰富、电价低廉的地区。生产电耗方面，2020 年，南方五省区电解铝企业交流电耗低于国家行业标准 13 500kWh/t。电力成本方面，目前广西、云南、贵州地区电解铝电力成本占生产成本比重约为 33%。用电量与

[1] 单位产品电耗为每吨产品所消耗的电量。

产量关系方面，电解铝行业生产工艺相同，行业用电量与产品产量相关度较高。

钢铁单位产品电耗不高，电力成本在生产成本中所占的比重较低。生产电耗方面，钢铁行业由于产品多样和工艺复杂，不同企业、不同产品的生产电耗存在较大差异。2020年，南方五省区各省钢铁企业的生产电耗在340～460kWh/t，与上年基本相当。电力成本方面，含铁原料费用是钢铁行业最主要的生产成本，电费占生产成本的比重较小，在4%～10%。用电量与产量关系方面，钢铁行业用电量受企业产品类型、流程工艺、设备能耗水平等多种因素影响，用电量与产量直接相关度不高。

水泥的单位产品电耗不高，电力成本在生产成本中所占的比重相对较低。生产电耗方面，2020年，水泥行业电耗呈下降趋势，南方五省区单位水泥产品电耗约60.2kWh/t。电力成本方面，电力成本占水泥生产成本的15%左右。余热发电量占水泥耗电量的比重为30%～45%，随着余热发电技术的普及推广，水泥用电成本将明显下降。用电量与产量关系方面，水泥行业生产工艺趋同，行业用电量与产品产量相关度较高。

四、南方五省区高载能行业用电

四大高载能行业用电量占第二产业比重持续上升。2011－2020年间，南方五省区四大高载能行业用电量占比整体呈现上升趋势。2020年，有色金属、黑色金属非金属、化工行业用电量合计占第二产业用电量的比重为39.3%，与2011年相比，黑色金属、化工行业用电量占比分别下降了1.5、1.7个百分点，有色金属、非金属行业占比提高了4.4、0.5个百分点。2011－2020年南方五省区四大高载能行业用电量占第二产业的比重如附图1-4所示。

电解铝行业用电量保持快速增长。2020年，南方五省区电解铝行业用电量813亿kWh，同比增长20.4%，增速同比提高2.8个百分点。

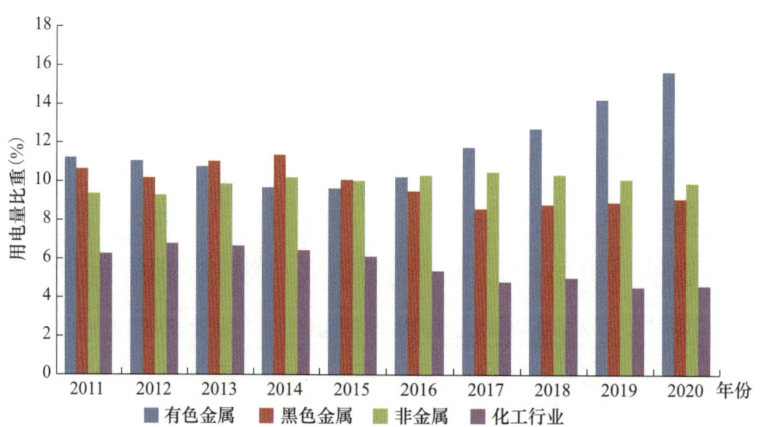

附图 1-4　2011—2020 年南方五省区四大高载能行业用电量占第二产业的比重

数据来源：中国电力企业联合会

钢铁行业用电量增速放缓。2020 年，南方五省区钢铁用电量 420 亿 kWh，同比增长 6.1%，增速比全国高 0.8 个百分点，比上年下降 2.4 个百分点。

水泥行业用电量增速加快。2020 年，南方五省区水泥用电量 330 亿 kWh，同比增长 9.4%，增速比全国高 7.2 个百分点，比上年提高 3.9 个百分点。

2011—2020 年南方五省区典型高载能行业用电量如附图 1-5 所示。

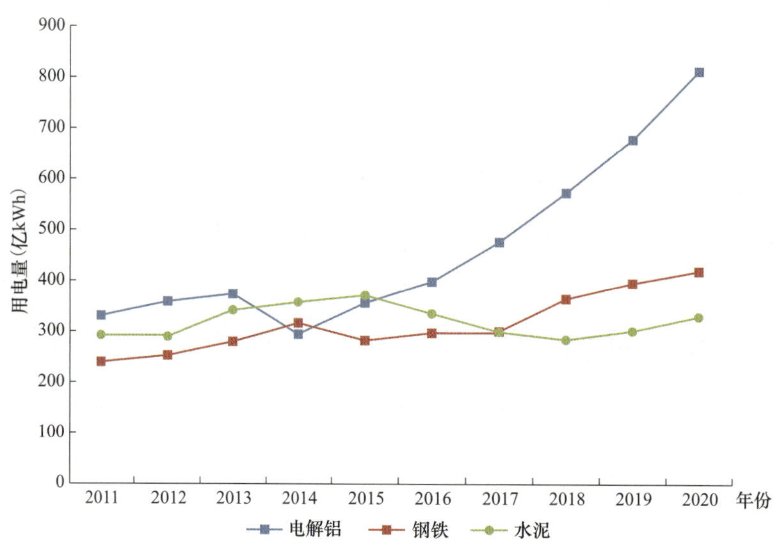

附图 1-5　2011—2020 年南方五省区典型高载能行业用电量

数据来源：中国电力企业联合会

五、高载能行业发展分析

高载能行业产能利用率整体稍有回落，产能过剩问题依然存在。 2020年，受新冠肺炎疫情影响下需求不足等因素影响，全国有色金属、黑色金属、非金属、化工行业产能利用率分别为78.5%、78.8%、68.0%、74.5%，有色金属、黑色金属、非金属行业比上年分别降低1.3、1.2、2.3个百分点，化工行业比上年提升0.3个百分点。

电解铝行业利润处于高位，水泥利润有所下滑，钢铁行业平稳运行。 2020年，电解铝行业保持较高利润水平，促使新项目加快投产，部分闲置产能恢复生产，2020年末，电解铝市场售价约1.5万元/t，平均利润超过3000元/t。新冠肺炎疫情使水泥行业运行短期受到影响，2020年水泥行业利润同比下降2.1%。钢铁行业复工复产有序推进，生产经营保持平稳运行态势，钢铁价格小幅下降，行业效益逐步回升，2020年重点统计企业利润同比增长6.6%。

电解铝、水泥行业产业集中度稳步提升，钢铁行业产业集中度尚未达到工信部“十三五”规划的目标。 2020年，电解铝行业前十大企业集中度为62%，前十大水泥企业熟料产能集中度达57%，较2015年提高18个百分点，接近《2020年水泥行业去产能行动计划》中的“到2020年，水泥行业前10家大企业集团的全国熟料产能集中度达到70%，水泥产能集中度达到60%”的目标。当前我国钢铁行业集中度仍然处偏低水平，2020年，我国钢铁行业前十大企业集中度约为38%，与行业集中度较为合理的日本、美国比仍有较大差距，与国家工信部发布的《钢铁工业调整升级规划（2016—2020年）》“2020年钢铁行业产业集中度达到60%”的目标仍有不小差距。

产能扩张下，铝冶炼行业用电量快速增长。 2020年，南方五省区四大高载能行业用电量同比增长8.8%，增速比第二产业高4.4个百分点，拉动全社会用电量增长 2.1 个百分点。其中，铝冶炼行业用电量同比增长 15.2%，增速比全国水平高 7.7 个百分点，拉动全社会用电量增长 1.1 个百分点。2021 年以来，铝冶炼行业用电量继续高速增长，增速高达 20% 左右。

专题二

全球能源碳排放总体情况

一、全球能源碳排放[1]总体水平

受能源消费需求降低影响，2020 年全球能源碳排放同比下降 6.3%，创第二次世界大战以来最大降幅。21 世纪以来，全球碳排放量增长迅速，2000—2019 年，全球二氧化碳排放量增加了 40%。2019 年，全球碳排放量达 340 亿 t，创历史新高。2020 年，新冠肺炎疫情的暴发和由此产生的经济危机对能源需求产生了巨大的影响，BP 数据显示，2020 年全球能源碳排放约 320 亿 t，下降近 20 亿 t，同比下降 6.3%，创第二次世界大战以来最大降幅。能源需求的下滑是 2020 年全球能源碳排放下降的主要原因，与此同时，新能源的迅速发展也促进了能源碳排放的下降，太阳能和风能占全球能源比重超过 20%，达到了有史以来最高水平。2010—2020 年全球能源碳排放量及增速如附图 2－1 所示。

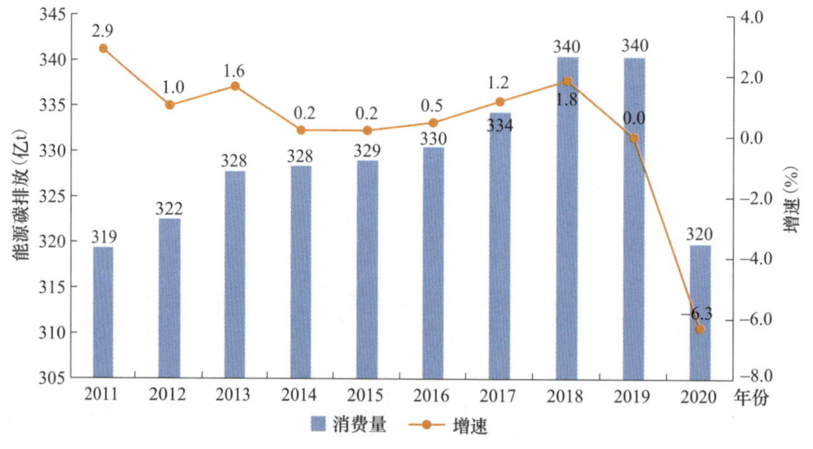

附图 2－1　2011—2020 年全球能源碳排放量及增速

数据来源：BP《Statistical Review of World Energy 2021》

二、分地区能源碳排放情况

分地区看，亚太地区能源碳排放总量最大。2020 年亚太地区能源碳排

[1] 本章能源碳排放仅指代由煤炭、石油、天然气能源消费产生的碳排放。

放占全球能源碳排放总量的52.4%，比上年提高1.9个百分点。其中，中国、印度分别占亚太地区碳排放总量的59.1%和13.7%；北美地区能源碳排放占全球能源碳排放总量的16.6%，比上年下降1.1个百分点；欧洲地区能源碳排放占比11.2%，比上年下降0.8个百分点；而后依次是中东地区、独联体、非洲地区和南美地区，占比分别是6.3%、6.2%、3.7%、3.5%。2020年全球各地区能源碳排放占比如附图2-2所示，2011—2020年全球各地区能源碳排放如附图2-3所示。

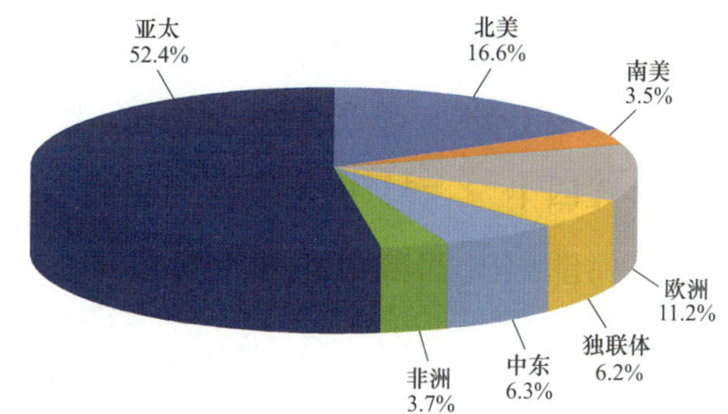

附图2-2 2020年全球各地区能源碳排放占比

数据来源：BP《Statistical Review of World Energy 2021》

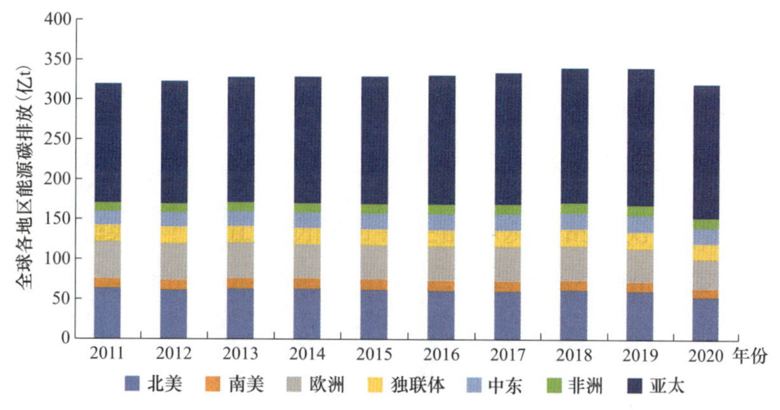

附图2-3 2011—2020年全球各地区能源碳排放

数据来源：BP《Statistical Review of World Energy 2021》

主要排放国碳排放逐步反弹回升。2020下半年经济活动的恢复提振了能源需求，许多经济体的碳排放量已经超过了新冠肺炎疫情前的同期水平，中国最早走出疫情的影响，碳排放增速于4月由负转正，印度、巴西等国家在下半年陆续由负转正，并带动全球碳排放增速在12月转正。全球与部分国家2020年二氧化碳排放量的月度同比增速变化如附图2-4所示。

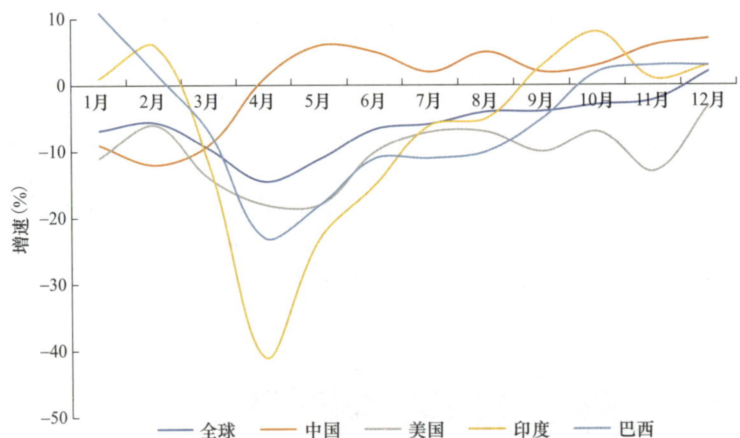

附图2-4　全球与部分国家2020年二氧化碳排放量的月度同比增速变化

数据来源：国际能源署（International Energy Agency，IEA）《Global Energy Review：CO_2 Emissions in 2020》

2020年我国能源碳排放增速进一步放缓。21世纪以来，我国能源碳排放经历了快速增长，2020年我国能源碳排放达98.9亿t，同比增长0.9%，增速同比下降0.7个百分点，连续两年下滑。目前我国是全球第一大碳排放国家，能源碳排放占世界总量的30.9%。2011—2020年我国能源碳排放量及增速如附图2-5所示。

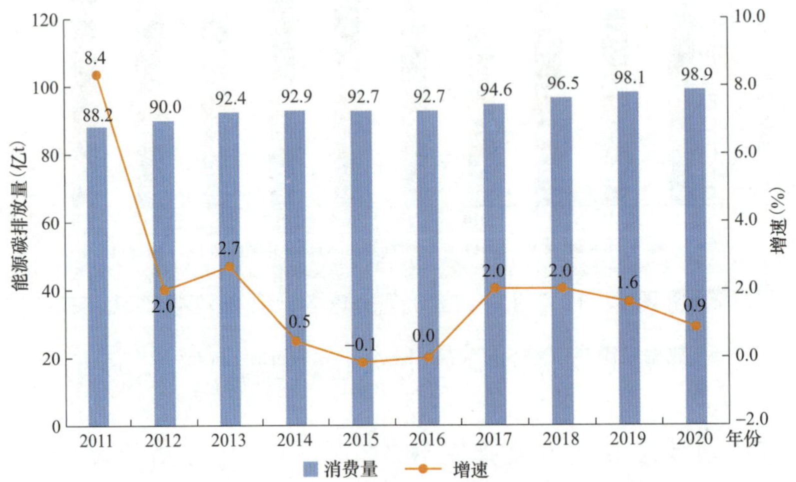

附图2-5　2011—2020年我国能源碳排放量及增速

数据来源：BP《Statistical Review of World Energy 2021》

三、分品类能源碳排放情况

分品类看，煤炭仍是主要的碳排放来源。2020 年，煤炭碳排放占能源碳排放总量的 45.2%，比上年增加 0.9 个百分点；石油碳排放占能源碳排放总量的 32.3%，比上年下降 1.7 个百分点；天然气碳排放占能源碳排放总量的 22.5%，比上年增加 0.8 个百分点。2011—2020 年全球分品类碳排放占比如附图 2-6 所示。

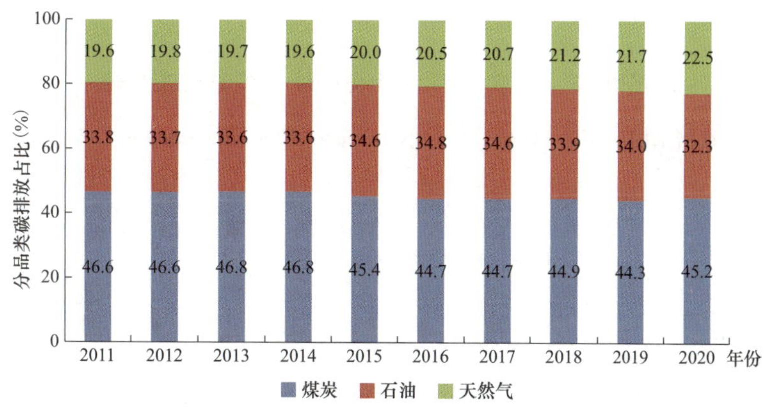

附图 2-6　2011—2020 年全球分品类碳排放占比

数据来源：IEA《Global Energy Review：CO_2 Emissions in 2020》

近十年来，全球煤炭碳排放波动下降，亚太地区是全球煤炭碳排放的主力。亚太在全球煤炭碳排放所占的份额已从 2011 年的不足 70%上升到 2020 年的近 82%，中国是全球最主要的煤炭碳排放国，中国煤炭碳排放占全球比重超过 50%。2011—2020 年全球煤炭碳排放及增速如附图 2-7 所示，2011—2019 年中国煤炭碳排放量占全球比重如附图 2-8 所示。

石油碳排放大幅下滑，为近十年最低水平。2020 年，全球石油碳排放 101 亿 t，同比下降 10.6%，增速同比下降 10.6 个百分点。美国是最主要的石油碳排放国，其中 2019 年石油碳排放量占全球的 22.2%。2011—2020 年全球石油碳排放量及增速如附图 2-9 所示。

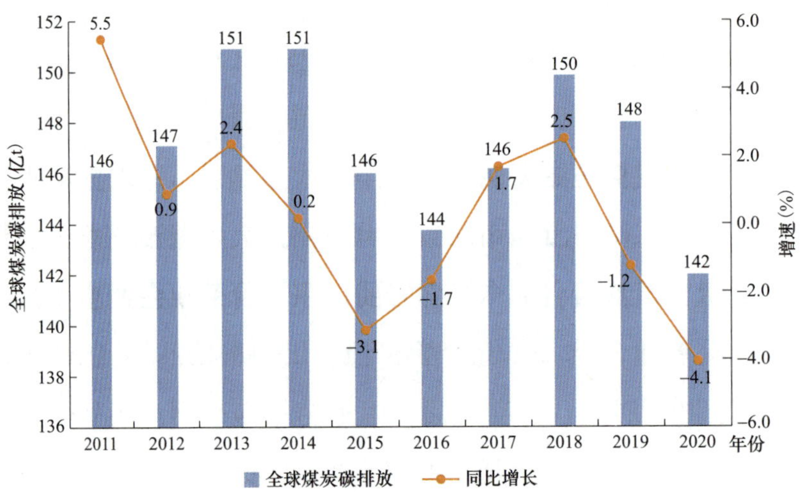

附图 2-7　2011—2020 年全球煤炭碳排放及增速

数据来源：IEA《Global Energy Review：CO_2 Emissions in 2020》

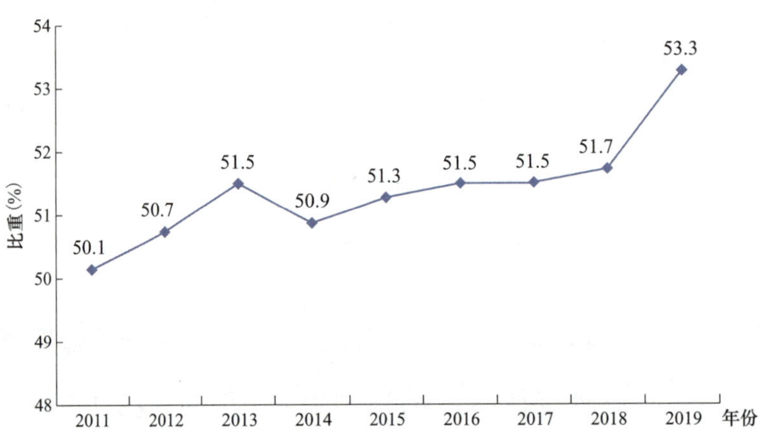

附图 2-8　2011—2019 年中国煤炭碳排放量占全球比重

数据来源：IEA

天然气碳排放增速由正转负，碳排放跌幅在一次能源中最小。2020 年，全球天然气碳排放 70.5 亿 t，同比下降 2.8%，增速同比下降 5.2 个百分点。2011—2020 年全球天然气碳排放量及增速如附图 2-10 所示。

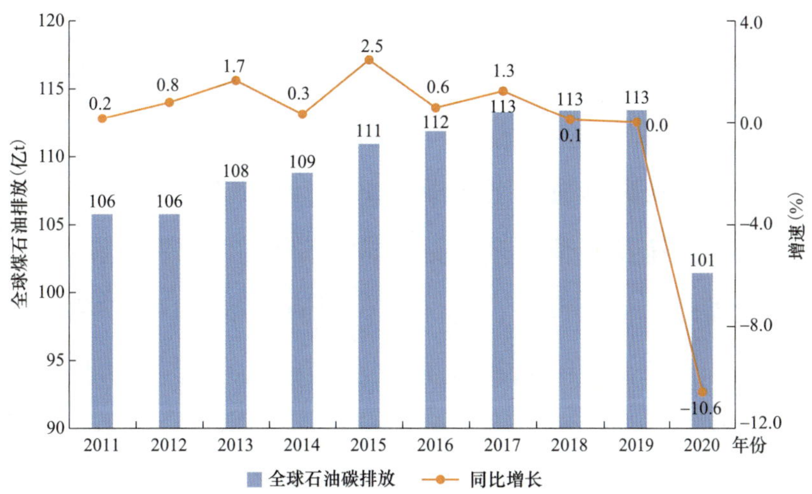

附图 2-9　2011—2020 年全球石油碳排放量及增速

数据来源：IEA《Global Energy Review：CO_2 Emissions in 2020》

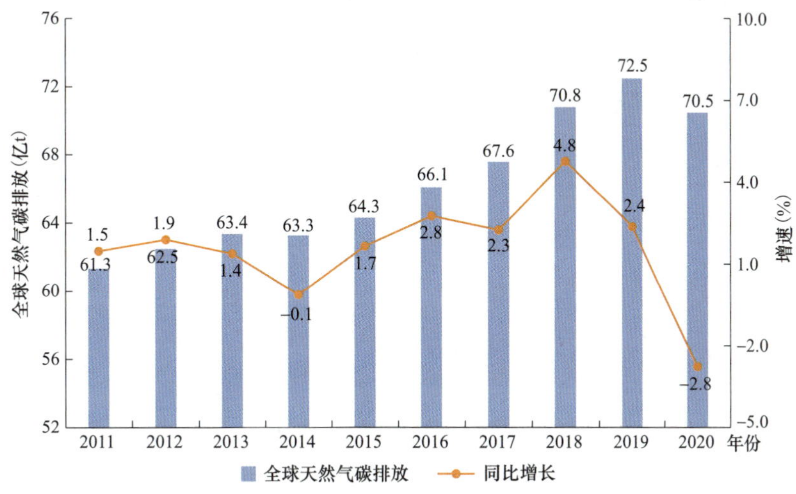

附图 2-10　2011—2020 年全球天然气碳排放量及增速

数据来源：IEA《Global Energy Review：CO_2 Emissions in 2020》

四、分领域能源碳排放情况

分领域看，交通运输业的能源碳排放跌幅最大。2020 年，由于新冠肺炎疫情带来的区域封锁与交通限制影响，交通运输业石油需求下降造成的二氧化碳排放量下降近11亿t，占总能源碳排放下降量的50%以上，比2019年下降近14%。其中国际航空运输的碳排放量同比下降近45%，公路运输下降10%。

电力行业的能源碳排放同比下降3.3%，创有记录以来的最大降幅。可再生能源发电的快速发展是电力行业碳排放下降的主要原因，可再生能源发电量比重同比提升2个百分点，达29%，对降低电力行业碳排放的贡献率超过50%。2011—2020年全球电力行业碳排放变化量明细如附图2-11所示。

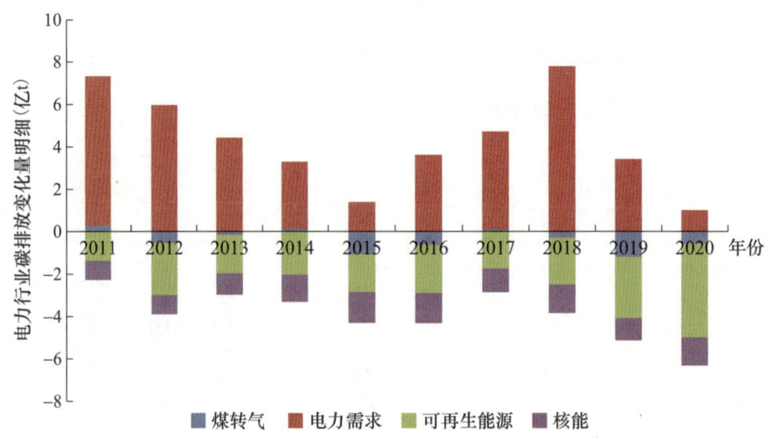

附图2-11　2011—2020年全球电力行业碳排放变化量明细

数据来源：IEA《Global Energy Review：CO_2 Emissions in 2020》

附录A 名 词 解 释

【一次能源】从自然界取得的未经任何改变或转换的能源，如原煤、原油、天然气、生物质能、水能、核燃料，以及太阳能、地热能、潮汐能等。根据成因可分为三类：第一类是来自太阳热核反应释放的能量，包括直接达到地球的太阳能辐射，由太阳辐射能转化而来的原煤、原油、天然气和生物质能，以及太阳能的热效应在大气、陆地与海洋三者之间的界面产生的风能、波浪能和洋流的动能；第二类是蕴藏在地球内部的岩石和流体中的地热能，以及放射性矿物蕴藏的核能；第三类是月球、太阳和地球的相互作用产生的潮汐能。根据其能否循环使用和不断得到补充，又可分为可再生能源、非可再生能源。

【二次能源】一次能源经过加工或转换得到的能源。如煤气、焦炭、汽油、煤油、柴油、重油、电力、蒸汽、热水、氢燃料、酒精等。在生产过程中排出的余能余热。如高温烟气、可燃废气、废蒸气、废热水、有压流体等也属于二次能源。二次能源比一次能源有更高的终端利用效率，也更清洁和便于利用。

【化石能源】泛指由远古动植物的化学演变而形成的能源。如煤炭、石油、天然气、油砂以及油页岩等各种固体、液体和气体物质。

【非化石能源】指化石能源之外的一次能源，包括核能、风能、太阳能、水能、生物质能、地热能、海洋能等。

【可再生能源】指自然界中可以循环再生、反复持续利用的一次能源，主要包括水能、风能、太阳能、生物质能、地热能和海洋能等。

【清洁能源】即绿色能源，是指不排放污染物、能够直接用于生产生活的能源，它包括核能、可再生能源、使用低污染的化石能源（如天然气等）以及利用清洁能源技术处理过的化石能源。如洁净煤、洁净油等。

【传统能源】指在现阶段科学技术水平下，人们已经广泛使用，技术上比较成熟的能源。如煤炭、石油、天然气、水能等，也称常规能源。

【新能源】指传统能源之外的各种能源形式，处于开发利用或研究初期，具有一定推广应用潜力的能源。如风能、太阳能、生物质能、地热能和海洋能等。

【分布式能源】是一种建在用户端的能源供应方式，可独立运行，也可并网运行，是以资源、环境效益最大化确定方式和容量的系统，将用户多种能源需求，以及资源配置状况进行系统整合优化，采用需求应对式设计和模块化配置的新型能源系统，是相对于集中供能的分散式供能方式。

附表B 能 源 政 策

（一）煤炭

煤炭政策文件见附表1。

附表1　　煤 炭 政 策 文 件

政策文件名称	颁发部门	颁布时间	主 要 内 容
《关于加快煤矿智能化发展的指导意见》	国家能源局	3月3日	主要目标：到2021年，建成多种类型、不同模式的智能化示范煤矿；到2025年，大型煤矿和灾害严重煤矿基本实现智能化；到2035年，各类煤矿基本实现智能化
《智能化示范煤矿建设管理暂行办法》《煤矿智能化专家库管理暂行办法》	国家能源局综合司	12月24日	《智能化示范煤矿管理暂行办法》从国家层面明确建设目标、推荐原则、推荐对象和条件，并负责项目督导、抽查验收结果和经验推广；地方和中央企业总部负责示范项目推荐、组织建设和项目验收。通过示范项目管理方式的优化调整，确保权力下放到位，充分发挥地方、企业的主动性和积极性。《煤矿智能化专家库管理暂行办法》规定了办法制订目的、适用范围；专家遴选的原则、范围、条件和程序；专家抽取的要求、专家权利和义务，以及专家库更新等方面内容
关于印发《清理规范海运口岸收费行动方案》的通知	国家发展改革委	8月5日	到2022年，科学规范透明的口岸收费机制基本形成，口岸服务效能进一步提升，营商环境明显改善，进出口合规成本明显降低
国家矿山安全监察局关于进一步加强煤矿冲击地压防治工作的通知	国家矿山安全监察局	12月23日	明确严格落实煤矿冲击地压防治规定和要求，建立煤矿“零冲击”目标管理制度，强化煤矿冲击地压防治措施，有序开展冲击地压防治示范矿井建设，强化煤矿冲击地压防治监督检查

续表

政策文件名称	颁发部门	颁布时间	主　要　内　容
《中华人民共和国资源税法》	全国人民代表大会常务委员会	8月26日通过，9月1日起施行	《资源税法》规定，煤炭原矿或选矿税率为2%～10%，煤层气税率为1%～2%。与现行资源税制度相比，《资源税法》主要有三方面的变化。一是统一了税目，将所有应税资源产品都在税法中列明，共计164个税目。二是调整了具体税率确定的权限，对实行幅度税率的资源，明确其具体适用税率由省级人民政府提出，报同级人大常委会决定。三是规范了减免税政策，如煤炭开采企业因安全生产需要抽采的煤层气免征资源税
《关于挂牌动力煤期权合约有关事项的公告》	郑州商品交易所	6月22日	2020年6月30日，动力煤期权在郑州商品交易所正式挂牌交易，成为继焦煤期货、动力煤期货之后，在国内上市的第三个煤炭金融品种。作为价格的保险，动力煤期权是对动力煤期货的有益补充，有利于引导更多客户参与交易，优化市场投资者结构；有利于丰富风险管理工具，更好满足产业企业多样化精细化避险需求；有利于进一步完善煤炭价格形成机制，更好服务煤炭和电力市场化改革

（二）新能源

新能源政策文件见附表2。

附表2　　　　新能源政策文件

政策文件名称	颁发部门	颁布时间	主　要　内　容
《光伏发电市场环境监测评价方法及标准（2019年修订版）》	国家能源局	1月7日	规定光伏发电市场环境监测评价采取综合评价与约束性指标判定相结合的方式，明确竞争力评价指标和风险评价指标
《关于促进非水可再生能源发电健康发展的若干意见》	财政部	1月20日	自2020年起，所有新增可再生能源发电项目均采取“以收定支”的方式确定。根据基金征收情况和用电量增长等因素，预计2020年新增补贴资金额度为50亿元，可用于支持新增风电、光伏发电、生物质发电项目。同时，自2020年起，新增海上风电和光热项目不再纳入中央财政补贴范围，由地方按照实际情况予以支持，按规定完成核准（备案）并于2021年12月31日前全部机组完成并网的存量海上风力发电和太阳能光热发电项目，按相应价格政策纳入中央财政补贴范围

续表

政策文件名称	颁发部门	颁布时间	主 要 内 容
国家能源局关于2020年风电、光伏发电项目建设有关事项的通知	国家能源局	3月5日	一是对省级能源主管部门，要求根据国家可再生能源“十三五”相关规划、电网消纳能力、监测预警要求等，合理安排新增核准（备案）项目规模，规范有序组织项目建设，并加强项目信息管理。二是对电网企业，要求及时测算论证2020年风电、光伏发电新增消纳能力并落实消纳方案，做好电力送出工程建设衔接，合理安排项目并网时序。三是对投资企业，要求理性投资、防范投资风险，严格落实各项建设条件，有序组织项目开工建设，加强工程质量管控。四是对各派出机构，要求加强对规划落实、消纳能力论证、项目竞争配置、电网送出工程建设、项目并网消纳等事项的监管
国家能源局关于发布《2020年度风电投资监测预警结果》和《2019年度光伏发电市场环境监测评价结果》的通知	国家能源局	3月30日	公布风电投资监测预警和光伏发电市场环境监测评价结果，对不同地区作出落实风电投资监测预警有关要求，并要求各省级能源主管部门应与当地省级电网企业充分沟通，有序组织项目建设，充分发挥光伏发电市场环境监测评价引导作用
国家发展改革委关于2020年光伏发电上网电价政策有关事项的通知	国家发展改革	4月2日	对集中式光伏发电继续制订指导价。将纳入国家财政补贴范围的Ⅰ～Ⅲ类资源区新增集中式光伏电站指导价，分别确定为0.35（含税，下同）、0.4、0.49元/kWh。新增集中式光伏电站上网电价原则上通过市场竞争方式确定，不得超过所在资源区指导价
2020年全国风电、光伏发电新增消纳能力的公告	全国新能源消纳监测预警中心	5月25日	国家电网公司经营区2020年风电、光伏发电合计新增消纳能力6850万kW；南方电网公司经营区2020年风电、光伏发电合计新增消纳能力1360万kW；内蒙古电力公司经营区2020年风电、光伏发电合计新增消纳能力300万kW
国家发展改革委　国家能源局关于印发各省级行政区域2020年可再生能源电力消纳责任权重的通知	国家能源局	6月1日	明确了各省（市、区）2020年可再生能源电力消纳总量责任权重、非水电责任权重的最低值和激励值，西藏以可再生能源为主，807号文明确不予考核

续表

政策文件名称	颁发部门	颁布时间	主　要　内　容
《关于公布2020年风电、光伏发电平价上网项目的通知》	国家发展改革委	8月5日	公布2020年风电、光伏发电平价上网项目名单，明确2019、2020年两批平价项目建设时限要求，建立动态跟踪调整机制，强调支持政策保障，明确下一步工作
关于印发《完善生物质发电项目建设运行的实施方案》的通知	国家能源局	9月16日	明确项目申报的条件、程序和纳入补贴规则，建立生物质发电补贴申报信用承诺制度，加强投资监测预警的主要目的和要求，推动完善生物质发电项目补贴机制，落实生物质发电支持政策
国家能源局综合司关于公布光伏竞价转平价上网项目的通知	国家能源局	9月30日	公布光伏竞价转平价上网项目共1229个、装机规模799.89万kW，要求项目单位抓紧做好备案、开工建设等相关工作，除并网消纳受限原因以外，项目须于2021年底前并网；公布光伏竞价转平价上网项目信息汇总表及光伏竞价转平价项目名单
《关于促进非水可再生能源发电健康发展的若干意见》有关事项的补充通知	财政部	10月21日	明确各类非水可再生能源发电项目全生命周期合理利用小时数，明确补贴电量计算公式和项目容量认定标准式和项目容量认定标准，明确项目的补贴标准和享受补贴时间年限，明确核查不合格项目的补贴资金核减办法

（三）电力体制改革

电力体制改革政策文件见附表3。

附表3　　电力体制改革政策文件

<table>
<tr><th>政策文件名称</th><th>颁发部门</th><th>颁布时间</th><th>主　要　内　容</th></tr>
<tr><td>国家发展改革委关于印发《区域电网输电价格定价办法》的通知</td><td>国家发展改革委</td><td>1月19日</td><td rowspan="2">明确区域电网输电价格、省级电网输配电价在每一监管周期开始前核定，监管周期为三年；准许收入由准许成本、准许收益和税金构成；与输配电业务无关的固定资产不得纳入可计提收益的固定资产范围，其中包括抽水蓄能电站、电储能设施、已单独核定上网电价的电厂资产等；用户类别分类，以现行销售电价分类为基础，原则上分为大工业用电、一般工商业及其他用电、居民用电和农业用电类别，有条件的地方可实现工商业同价；两部制电价的容（需）量电价与电度电价，原则上参考准许成本中折旧费与运行维护费的比例核定；建立准许收入平衡调整机制</td></tr>
<tr><td>国家发展改革委关于印发《省级电网输配电价定价办法》的通知</td><td>国家发展改革委</td><td>1月19日</td></tr>
</table>

续表

政策文件名称	颁发部门	颁布时间	主 要 内 容
《关于推进电力交易机构独立规范运行的实施意见》	国家发展改革委	2月25日	明确电力交易机构单一股东持股比例不得超过50%。2020年上半年，北京、广州2家区域性交易机构和省（市、区）交易机构中电网企业持股比例全部降至80%以下，2020年底前电网企业持股比例降至50%以下。2022年底前，各地电力交易机构要结合实际情况进一步规范完善市场框架、交易规则、交易品种等，京津冀、长三角、珠三角等地区的交易机构相互融合，适应区域经济一体化要求的电力市场初步形成。2025年底前，基本建成主体规范、功能完备、品种齐全、高效协同、全国统一的电力交易组织体系
国家发展改革委、国家能源局联合印《电力中长期交易基本规则》	国家发展改革委	7月1日	结合我国电力市场改革现状，对现货以前的电力中长期交易的相关问题进行了较为细致、全面的规定。该规则不仅包括市场化交易方案，还包括省间和省内发用电计划的安排、可再生能源的交易；不仅包括能量交易的内容，还包括各类市场主体的准入和权利义务、安全校核、市场监管、信息披露、相关政府机构的职责分工等多个方面的内容
《关于做好电力现货市场试点连续试结算相关工作的通知》	国家发展改革委	7月22日	强调了电力现货市场与中长期市场的衔接关系，明确了不平衡资金的处理原则，强调了电力现货市场价格信号对电力生产、消费的引导作用，对市场运营机构和技术支持系统开发方提出中立性要求，对试点第一责任单位提出动态完善市场机制的工作要求
国家发展改革委国家能源局关于开展第五批增量配电业务改革试点的通知	国家发展改革委	8月21日	确定黑龙江富拉尔基经济开发区金属新材料产业园等79个项目作为第五批增量配电业务改革试点，并鼓励具备条件的省（市、区）自行确定和公布试点项目
《电力现货市场信息披露办法（暂行）》	国家能源局	12月8日	明确信息披露原则和方式，明确信息披露内容，强调信息保密与封存，强化监督管理

续表

政策文件名称	颁发部门	颁布时间	主 要 内 容
《关于做好2021年电力中长期合同签订工作的通知》	国家发展改革委	12月24日	对高质量签订2021年电力中长期合同工作提出了明确要求：全量签约，即中长期合同签约电量比例力争达到90%～95%；长签，即鼓励签一年期以上的中长期合同；分时段签，即区分峰、平、谷等时段，分时段约定电量电价，拉大峰谷差价；规范签，即参考中长期合同示范文本协商签约；见签，即引入信用机构见签中长期合同；电子签，即鼓励签订电子合同，提高工作效率

（四）油气

油气政策文件见附表4。

附表4　　油气政策文件

政策文件名称	颁发部门	颁布时间	主 要 内 容
中华人民共和国固体废物污染环境防治法	全国人民代表大会常务委员会	4月29日修订，9月1日实施	明确固体废物污染环境防治坚持减量化、资源化和无害化原则，明确国家推行生活垃圾分类制度，要求县级以上地方政府加快建立分类投放、分类收集、分类运输、分类处理的生活垃圾管理系统。法律还完善了建筑垃圾、工业固体废物、农业固体废物等污染环境防治制度
《关于推进矿产资源管理改革若干事项的意见（试行）》	自然资源部	2019年12月31日下发，5月1日实施	全面推进矿业权竞争性出让，严格控制矿业权协议出让，积极推进“净矿”出让，实行同一矿种探矿权采矿权出让登记同级管理，开放油气勘查开采市场，实行油气探采合一制度，调整探矿权期限，改革矿产资源储量分类，取消矿产资源储量登记事项，明确评审备案范围和权限，规范财政出资地质勘查工作

参 考 文 献

[1] 工业和信息化部原材料工业司. 2020 年建材行业经济运行情况 [R]. 2020 - 2 - 8.

[2] 中国水泥协会. 2020 年水泥行业去产能行动计划 [R]. 2017 - 7 - 26.

[3] 中华人民共和国国家发展和改革委员会. 钢铁工业调整升级规划（2016—2020 年）[R]. 2017 - 6 - 21.

[4] EMBER. EMBER 2021 Global Electricity Review [R]. EMBER，2021.

[5] Royal Dutch Shell. Shell LNG Outlook 2021 [R]. 2021.

[6] BP p. l. c.. BP Statistical Review of World Energy 2021 [R]. BP p. l. c.，2021.

[7] International Energy Agency. Global Energy Review 2021 [R]. International Energy Review，2021.

[8] International Energy Agency. Global Energy Review：CO_2 Emissions in 2020 [R]. IEA，2021.

[9] 中华人民共和国统计局. 中国统计年鉴 [M]. 北京：中国统计出版社，2020.

[10] International Monetary Fund. Research Dept. World Economic Outlook [R]. International Monetary Fund，2021.

[11] 中国电力企业联合会. 全国电力工业统计月报 [R]. 中国电力企业联合会，2020.

[12] 国网能源研究院有限公司. 2021 中国电力供需分析报告 [M]. 北京：中国电力出版社，2021.

[13] 电力规划设计总院. 中国能源发展报告 2020 [R]. 电力规划设计总院，2021.

[14] 国家能源局石油天然气司，国务院发展研究中心资源与环境政策研究所，自然资源部油气资源战略研究中心. 中国天然气发展报告（2021）[M]. 北京：石油工业出版社，2021.